JN087411

プロが教える
セオリー＆アイデア
THEORY & IDEA

シンプルにはじめる
大人の着こなし入門

一般社団法人スタイリストマスター認定協会代表
パーソナルスタイリスト
杉山律子

SE
SHOEISHA

プロが教える
セオリー&アイデア

暮らしを豊かに彩る、さまざまなモノやコト。
SNSなどで見かけたもの、ふとお店で見て気に入ったものを
手軽に取り入れるのもよいですが、
基本やノウハウを知っていると、もっと生活が楽しくなります。

がんばりすぎず、気取りすぎず、
でも毎日を素敵に、心地よく暮らしたい。
そんな人に向けた本が「プロが教えるセオリー＆アイデア」シリーズです。

そのジャンルのプロが、経験から培ったセオリーと
暮らしの中できちんと実践するためのアイデアを
美しい写真とわかりやすい解説で、惜しみなく紹介します。

はじめに

私がファッション講座をスタートした2016年から、のべ700人のスタイリングの相談にのってきました。また、150人を超える講座生たちに、日々向き合い続けてきた7年間。この本で紹介しているおしゃれのコツは、そんな講座生一人ひとりに向き合ってきたことで気づけたことが全て。私の元でおしゃれを学んでくださった講座生たちのおかげです。あらためてここに感謝申し上げます。

私は公務員の父と、自宅で洋裁教室をしながらオーダー服を作る母の、一人娘として育ちました。幼い頃から母の姿を横目に見ながら、見様見真似で服を作っていた私。スタイリストを志し、母が通っていた文化服装学院に進学したのも、自然な流れだったように感じます。

その頃の私は、「自分らしいスタイルとは何か」をいつも模索し続けていました。おしゃれな人ばかりの刺激的な環境のなか、誰とも同じではない「自分らしさ」を見つけるべく、試行錯誤していた時期。ひと目惚れで服を買っては、私らしくないのではないかと後悔することも多々ありました。服好きがゆえに迷走していたように思います。

そんな私が心底おしゃれを楽しめるようになったきっかけは、ヴィンテージとの出会い。

スタイリストアシスタントをしていた頃の師匠の影響でした。時が経っても、色褪せない服やバッグたち。ベーシックな色のシンプルなアイテムは、色柄を主張するような華やかさがあるわけではないのに上質で、コーディネートの主役にも、また、コーディネートを陰で支える脇役にもなりうる、素敵な魅力がありました。「いいものはいい」そんな気づきをもらった気がします。

安価なものに興味が集まりがちな今も、私は、相変わらずこだわった服選びを続けています。安易に服を買うのではなく、長く付き合っていける自分らしい服。そんな厳選した服たちで、これからもワードローブを構築していきたいと思っています。

この本を手に取ってくださる方々が、無駄なく、自分らしく、おしゃれを楽しめますよう願っています。

杉山律子

もくじ

COLUMN

この本の使い方

この本では、着こなし力0から始める、おしゃれを楽しむためのノウハウとコツを、セオリーとアイデアに分けて紹介します。各セオリーを踏まえて、少しずつ着こなし力を上げていきましょう。

PART01~05では、色を知る、なりたいイメージを見つける、コーディネートの基本パターンを知る、服を選びやすくするためにクローゼットを整える、モノの選び方と着こなしのコツを知る、というステップで解説。どれも難しくはありませんので、実践してみてください。

PART06では、この本で提示している8つのイメージごとに、コーディネートのアイデアを紹介しています。実際に着こなす際のポイントもつけていますので、ぜひ参考にしてください。

セオリーパート

PART 01-05

各セオリーは2種類の誌面で構成しています。ひとつは、各セオリーの説明ページ。著者が経験の中で得たノウハウをまとめました。

2つめは、各セオリーをもとに、実践するためのコツなどを解説したページです。カラーチャートやアイテムやコーディネートの写真、イラストなど、豊富なビジュアルを添えて、わかりやすく掲載しています。

アイデアパート

PART 06

PART02では、簡単なチャート（p38）を使って、自分の「なりたいイメージ」を見つけます。PART06では、各イメージのコーディネートのアイデアを3パターンずつ紹介。PART01～05のセオリーを踏まえて、実践の参考にしてみてください。

本書内容に関するお問い合わせについて

このたびは翔泳社の書籍をお買い上げいただき、誠にありがとうございます。弊社では、読者の皆様からのお問い合わせに適切に対応させていただくため、以下のガイドラインへのご協力をお願い致しております。下記項目をお読みいただき、手順に従ってお問い合わせください。

●ご質問される前に

弊社Webサイトの「正誤表」をご参照ください。これまでに判明した正誤や追加情報を掲載しています。

正誤表　**https://www.shoeisha.co.jp/book/errata/**

●ご質問方法

弊社Webサイトの「刊行物Q&A」をご利用ください。

刊行物Q&A　**https://www.shoeisha.co.jp/book/qa/**

インターネットをご利用でない場合は、FAXまたは郵便にて、下記"翔泳社 愛読者サービスセンター"までお問い合わせください。

電話でのご質問は、お受けしておりません。

●回答について

回答は、ご質問いただいた手段によってご返事申し上げます。ご質問の内容によっては、回答に数日ないしはそれ以上の期間を要する場合があります。

●ご質問に際してのご注意

本書の対象を越えるもの、記述個所を特定されないもの、また読者固有の環境に起因するご質問等にはお答えできませんので、予めご了承ください。

●郵便物送付先およびFAX番号

送付先住所	〒160-0006　東京都新宿区舟町5
FAX番号	03-5362-3818
宛先	(株)翔泳社 愛読者サービスセンター

おしゃれには「着こなし力」が必要

おしゃれになるには、「着こなし力」が欠かせません。

ですが、多くの人は、人目を引くアイテムさえあれば、すぐにおしゃれになれると思っているようです。雑誌やSNSのモデルさんやインフルエンサーにあこがれて、同じようなアイテムを購入し、それらをできる限りコーデに盛り込む……そのような人が街には溢れています。

果たして、それがおしゃれと言えるのでしょうか。

私はよく「おしゃれに飛び級は禁物」と言います。飛び級とは、着こなし力を持たず、自分の「なりたいイメージ」もわからずに、それらを自覚せず、難易度の高いアイテムを取り入れてしまうことです。

実際、アイキャッチなアイテムほど、難易度は高く、それを生かすためには着こなし力が必要です。アイテムさえあれば、素敵になれる……。正直、おしゃれって、そんなに簡単じゃないんです。

一方で、おしゃれな人は、着こなし力をあなどりません。何を買うかよりも、どう着こなすか。

「なんだか素敵」をつくり出せるのは、流行にふりまわされない、確固たる自分らしさをしっかり表現できているからなんです。
あなたも着こなし力を身につけて、そんな「なんだか素敵」な人を目指してみませんか。

着こなし力を高めるための「セオリー」

私にとって、おしゃれな人とは、ファッションで自分らしさを表現できている人。シンプルな服だけなのに、なんだか素敵。そんな雰囲気を醸し出している人です。

長年の経験から、自信を持って言えるのですが、どんな人でもおしゃれになることはできます。ただ、そのためには「セオリー」を知って、ひとつずつ着こなし力を高めていく必要があります。

この本では、そのステップを全て網羅しています。おしゃれ初心者さんが取り入れやすいように構成しているので、順番通り、一つひとつの項目を実践していくことをおすすめします。

PART1からPART3までは、ファッションの土台について。基本的な知識を学び、自分の「なりたいイメージ」をしっかりと見極め、トータルコーディネートの組み立て方を学んでいきます。PART4では、毎日のコーデを組みやすくするため、クローゼットを整えていきます。PART5とPART6では、あなたの個性を生かしたスタイル、つまり、「おしゃれの軸」を確立していきます。

私のセオリーは、実践すればするほど、深みが増します。一度やってみた後も、迷ったときは、この本を読み返し、基本に立ち返ってみてください。そのたびに、新たな発見がきっとあるはずです。

PART

01

色について知る

最初は、コーディネートの軸となる
色の選び方について解説します。

色が異なると、同じコーディネートでも違って見えます。
でも、色選びのセンスがないと思わなくて大丈夫です。

色数を多く使う必要はありません。
色の基本をしっかり押さえましょう。

ベースカラーについて知る

ベースカラーはコーディネートの軸となる色

ファッションにとって、もっとも大切な「色」。コーディネートでは、その色をどう組み合わせるかが重要になってきます。どんなに似合う色だとしても、主張する色ばかりでコーディネートしてしまうと、それぞれの色が引き立ちません。そこで、おすすめしたいのが「ベースカラー」という考え方。

ベースカラーは、コーディネートの軸となる色です。自分にとって「使い勝手のいい色」と言い換えてもいいでしょう。

ベースカラーは黒、白、ネイビー、グレー、ベージュ、トープ、カーキなどの色がありますが、コーディネートを引き締める「締め色」、抜け感をプラスする「抜け色」、自分らしさをプラスする「中間色」に分けられます。

流行のカラーはシーズンによって変わりますが、安易にそれに飛びついたり、難しい色を使ったりするよりも、ベースカラーを押さえたコーディネートにすることで、ぐっと雰囲気が出るものです。

第一歩として、ベースカラーのアイテムをぜひ押さえておきましょう。

MEAN
SLOANE

ベースカラーをバランスよく合わせるだけでメリハリが出る

ベースカラーは、「締め色」「抜け色」「中間色」の3つに分けられます。

締め色は黒、ネイビー、チャコールグレー、ダークブラウン、色落ちしていないデニムなどの濃い色。抜け色は真っ白をはじめ、オフホワイト、アイボリー、エクリュ、アイスグレーなどの白っぽい色。中間色はグレー、ベージュ、トープ、カーキ、色落ちしたデニムの薄いブルーなどのぼんやりしたやわらかい色。それぞれのグループの中から、自分らしい色を選びましょう。

明るいきれいな色のアイテムは一見目を引きますが、主張が強いだけに合うものも限られてしまいます。3種類のベースカラーをバランスよく合わせるだけで、メリハリが出て簡単にコーディネートがまとまります。まずはベーシックなアイテムで、取り入れておきたい色です。

ベースカラーチャート

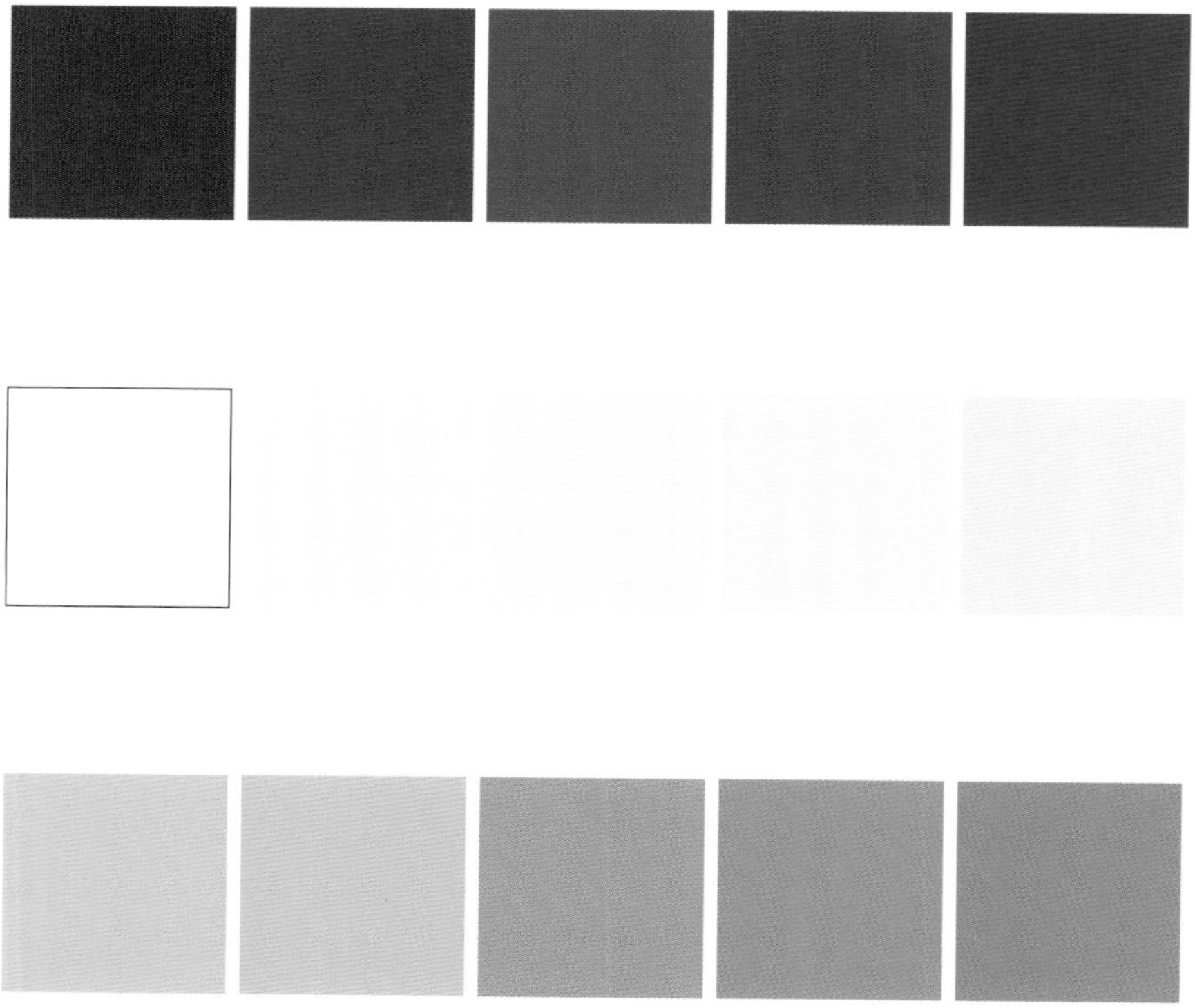

A. 締め色

基本の黒、ネイビーに、どんな色にも合わせやすいチャコールグレー、ダークブラウンの4色に加え、色落ちしていないデニムも締め色ととらえます。黒だと強くなりすぎるときに、チャコールグレーやダークブラウンを選ぶとやわらかさがプラスされます。

締め色だけでコーディネートする場合、黒×ネイビーだとコーディネートの難易度が上がってしまうので注意。黒×チャコールグレー、黒×ダークブラウン、ネイビー×チャコールグレー、ネイビー×ダークブラウンはまとまりやすいです。

B. 抜け色

白、オフホワイト、アイボリー、エクリュ、アイスグレーなど、白っぽい色が抜け色です。

締め色と同じように、抜け色の中から複数の色をひとつのコーディネートに使うと、色味が混在してコーディネートの難易度が上がります。その場合は、どちらかを白にするのがおすすめ。

C. 中間色

グレー、ベージュ、トープ、カーキ、色落ちしたデニムなど、ぼんやりしたやわらかい色が中間色です。抜け色と間違えないように注意しましょう。

中間色の中で、デニム以外の4色を複数合わせるのは危険。ぼんやりして一気に老けた印象になってしまいます。色の明るさを変えて、メリハリを意識するとよいでしょう。

基本は3つから1色ずつ選ぶこと

ベースカラーだけでも、おしゃれなコーディネートができます。簡単にまとまるのは、締め色、抜け色、中間色からそれぞれ1色ずつ使ってコーディネートすること。同じカテゴリの色同士がケンカせず、メリハリを意識することで、失敗を回避できます。

THEORY 002

アクセントカラーを知る

コーディネートの中で目立つ色がアクセントカラー

アクセントカラーとは、コーディネートの中で目立つ色のこと。原色のようなビビッドな色はもちろん、ベビーピンクなどの淡い色やバーガンディなどのくすんだ色も含みます。

大まかには、ベースカラー以外の色と考えてもいいのですが、普段のコーディネートで出番が少なかったり、苦手だと感じていたりする色であれば、ベーシックな色であっても、アクセントカラーととらえます。

コーディネートでは、原則1色使いで考えます。カラフルなものであれば、アイテムもひとつに絞りましょう。

例えば、靴もバッグもベルトも真っ赤といったコーデだと、がんばって揃えたような初心者感が悪目立ちしてしまいます。

一方で、カラフルじゃないもの、例えばブラウン寄りのキャメルであれば、2カ所で使うことも可能です。

アクセントカラーの面積は、コーデ全体の1～2割に抑えると、まとめるのが簡単です。まずは小物で取り入れてみることをおすすめします。

アクセントカラーとは

26ページで解説したように、アクセントカラーとは、コーディネートの中で主張する色のこと。

下にアクセントカラーの例をいくつか挙げてみました。ビビッドなカラーだけでなく、ベースカラーの中からも、アクセントカラーを選ぶことができます。


色を主役にしたコーディネートを考えるときは、最初にアクセントカラーを選びます。そうすることで、コーディネートの軸が決まり、まとまります。

目立つ色でなくても、合わせにくいと感じる色は、アクセントカラーととらえてコーディネートしましょう。

アクセントカラーのアイテムを選ぶ際は、自分が選んだ、どのベースカラーのアイテムとも合う色にしておくと、組み合わせやすくなります。

アクセントカラーの例

D. カラフルなもの（ベースカラーのどれにも合うもの）

大人の女性におすすめなのは、赤、緑、青、オレンジなど、ビビッドな色を少しだけくすませたような色です。コーディネートで主張しすぎず、落ち着いた雰囲気をつくってくれます。

どのベースカラーにも合わせやすく、さりげなくおしゃれ感が出ます。

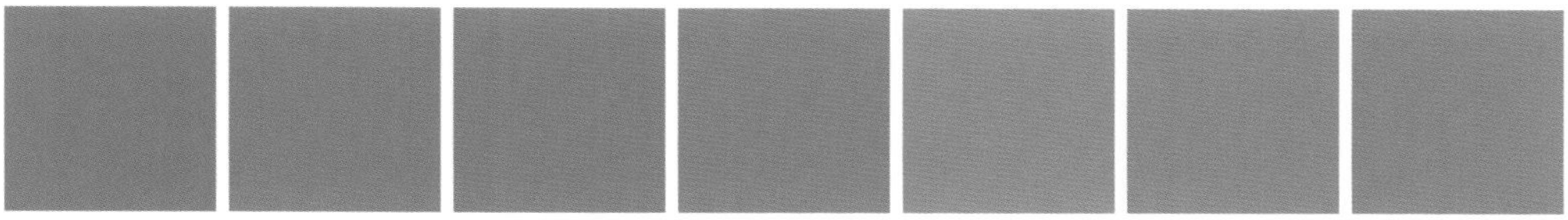

D'. カラフルじゃないもの

アクセントカラーはカラフルな色ばかりとは限りません。ほんのり色味を感じる淡い色や、メタリックカラーや、カーキなどのベーシックな色でも、コーディネートで際立たせたい色はアクセントカラーととらえて使ってみましょう。

主張の強いものは 1 カ所だけ

カラフルな色のブルーなど、主張の強い色はコーディネートの中に 1 点投入がおすすめ。他をベースカラーでまとめることで､アクセントカラーを引き立てます。色を使いすぎるとコーディネートの難易度が上がるので要注意。

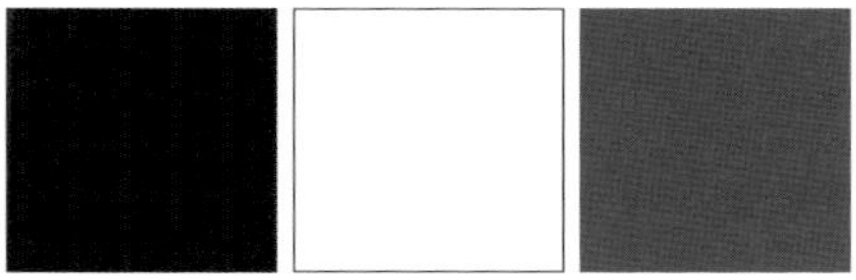

キャメルなどは複数選んで OK

アクセントカラーの中でも、目立ちすぎないブラウン系のキャメルなどは、コーディネートの中で 2 カ所まで使っても OK。靴とバッグなどに取り入れてみましょう。

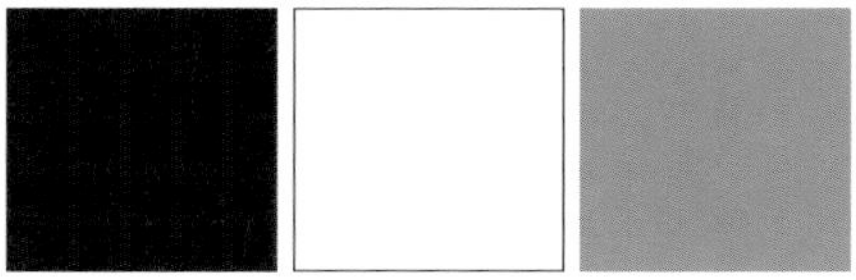

ベースカラーとアクセントカラーを組み合わせる

コーディネートは色の合わせ方次第

コーディネートは、ずばり「色合わせ」です。ここでは、ベースカラーとアクセントカラーを使った色合わせについて、解説します。

基本は主に4パターン。ひとつ目は、ワンカラーコーデ。トップスとボトムスを同じ色にしたコーディネートです。全身の色をベースカラーの2色でつくると簡単にまとまります。

2つ目は、ベースカラーの3色コーデです。締め色、抜け色、中間色から1色ずつ選びます。色のメリハリを意識することで、色合わせの失敗を回避できます。

3つ目は、ベースカラー3色にアクセントカラーをプラスしたコーディネート。アクセントカラーが主張の少ない色の場合は、2カ所で使うこともできます。

4つ目は、ベースカラー3色にアクセントカラーを1点投入したコーディネート。アクセントカラーがカラフルなものの場合は、1カ所のみで使います。

コーディネートは「色」がいちばん主張します。そして、色が主張するアイテム同士はケンカします。どんなに似合う色でも、合わせ方次第で良くも悪くもなりますので、ベースカラーを効果的に使って、失敗を回避しましょう。

やわらかいレザーバッグを二つ折りにして、クラッチ風に持つのもおすすめ。

袖をロールアップしたり、たくし上げたりすると、服に表情が出ます。

ベースカラー3色コーデ

ベースカラーの締め色、抜け色、中間色から、1色ずつ使ったコーディネートです。コーディネートにメリハリがあり、簡単にまとまる基本のコーディネートといえます。まずは、ここから始めてみましょう。

ワンカラーコーデ

正確には2色コーデですが、トップスとボトムスを同色で揃えたコーディネートです。ワンピースやセットアップなど以外にも、上下同じ色で揃えることできちんと感も出て、高見えに。小物は別の色にすると間延びした印象を回避できます。白を使わなくてもまとまるコーディネート。

ショルダーバッグを斜めがけすることで、カジュアルな印象にも。

2カ所でアクセントカラーを使う場合は、色を揃えたほうが◎。

アクセントカラーコーデ2

ベースカラー3色コーデに、目立つ色をプラス。主張の強い色は、1点投入することをお忘れなく。あちこちで目立つ色を取り入れると、おしゃれが空回りした印象になります。あくまでさりげなく、がおしゃれの鉄則です。

アクセントカラーコーデ1

ベースカラー3色コーデに、アクセントカラーを取り入れたコーディネート。アクセントカラーは、小物など小さな面積で取り入れると簡単です。主張を抑えたキャメルのようなブラウン系の色なら、2カ所で使ってもOK。

PART

02

なりたいイメージを見つける

コーディネートには、色以外にもベースが必要です。

それはイメージ。

いきなり好きな色や好きなアイテムから考えるのではなく、

自分がおしゃれをすることでどんなイメージになりたいのか、

決めることが大切です。

土台となるイメージが決まれば、

コーディネートを考えやすくなります。

THEORY
004

なりたいイメージを決める

「なりたいイメージ」がスタイルをつくる

おしゃれな人って、どんな人だと思いますか？　講座生にいつも私がする質問です。私は、その人らしいスタイルを持っている人だと思っています。そして、そのスタイルこそ、「おしゃれの軸」だといえます。

おしゃれになるためには、あなたの「なりたいイメージ」を明確にすることが大切です。

ファッション関連の診断では、あなたに似合う色やアイテムを提案してくれます。でも、あなた自身がその色やアイテムを好きでないのであれば、そこにはズレが生じてしまいます。他人に押しつけられ、型にはめられたように感じてしまうのではないでしょうか。実際、私がパーソナルスタイリストとして活動する中で、そのような悩みを何度も聞いてきました。

あなたのなりたいイメージは、あなた自身が見つけて決めるものです。なぜなら、あなたの内面やライフスタイル、価値観が大きく影響するからです。顔立ちやスタイルといった見た目にとらわれすぎるのではなく、あなたの理想を追い求めてみませんか。

ソフィスティケイト（都会的）
白ボートネックカットソー
黒ワイドパンツ
ベージュハイヒール

イメージチャート

なりたいイメージはロマンティック、エレガント、ソフィスティケイト、クラシック、カジュアル、ナチュラル、モード、マニッシュの8パターンに分けられます。

質問に答えて、自分のなりたいイメージを見つけてみましょう。40ページからは、イメージごとに押さえておくと便利なアイテムを紹介していきます。

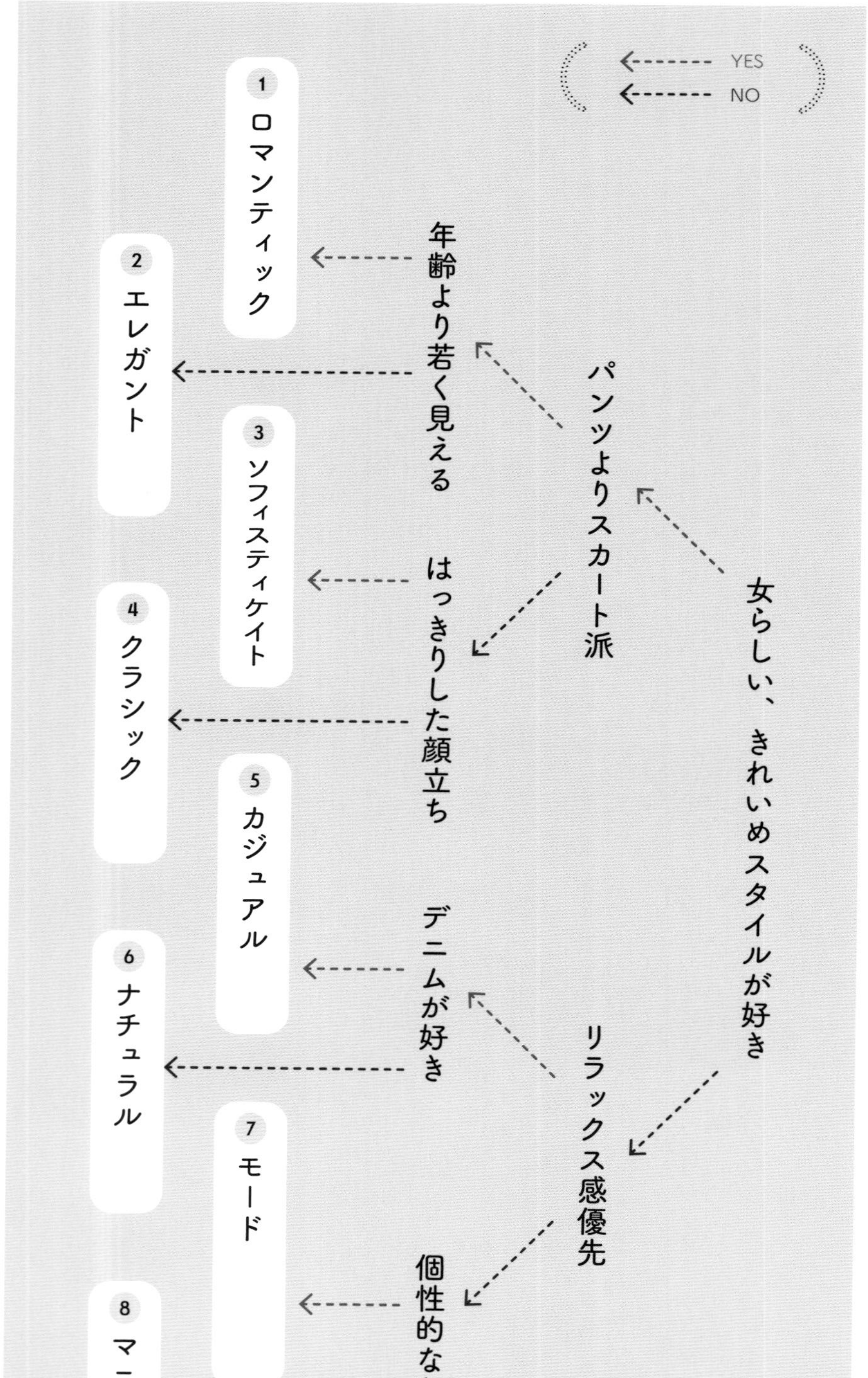

1 ロマンティック

大人になってもかわいらしく、甘さのあるイメージです。大人らしい落ち着いたカラーを選ぶのがポイント。前髪のあるヘアスタイルが似合いますが、ふんわり感を忘れずに。

2 エレガント

優雅で落ち着いた、大人の女性のイメージです。毛先をゆるくカールさせたヘアスタイルが似合います。キーワードはとろみ感とやわらかな曲線です。

3 ソフィスティケイト

颯爽としていて、洗練されたきちんと感があるイメージ。エレガントと近いですが、ピンヒールなど、エレガントより細めなアイテムが似合います。揺れる感じのヘアスタイルに。

4 クラシック

きちんとしていて、凛としたイメージです。かっちりとした、かたい職業の雰囲気といえばよいでしょうか。英国トラッドのようなスタイルが似合います。

5 カジュアル

多くの人が思うような、デニム、Tシャツが似合うイメージですが、じつは着こなしの難易度が高いです。初心者はただやぼったく、ラフな感じになりがちなので注意。

6 ナチュラル

リラックスした自然体なイメージで、カジュアルより力が抜けた感じです。ヘアスタイルはシンプルに、ゆるい印象を心がけてください。

7 モード

モノトーンコーデやデザイン性の高いアイテムが似合うイメージです。ヘアメイクも計算して着こなし力が高いのが特徴。マニッシュよりかっちりせず、個性的です。

8 マニッシュ

男性っぽい雰囲気ですが、カジュアルではなく、定番アイテムが似合うイメージ。ヘアスタイルはショートカットか、きっちりまとめたスタイル。

1 ロマンティック

甘くかわいらしいイメージのロマンティック。高めの位置でウエストマークすることで、女らしいバランスが際立ちます。かわいらしいだけに盛りすぎは禁物。リボンなどの甘めデザインは、色をベースカラーにするなど、引き算することで大人感をキープ。小物はコンパクトなものがおすすめ。アクセサリーは華奢なネックレスに。

2 エレガント

エレガントといえばとろみ素材と言っても過言ではないほど、やわらかな女性らしさが漂うイメージです。艶っぽくて、落ち着いた印象の方におすすめです。
ほどよいフィット感のあるものや、華奢なパンプスがおすすめ。
アクセサリーは大ぶりで太めのものを選ぶと◎。
コーデにやわらかさをプラスするダークブラウンの小物は、ぜひセットで押さえておきたいアイテム。

3 ソフィスティケイト

都会で働くキャリアウーマンがイメージのソフィスティケイト。
女性らしさにかっこよさを兼ね備えたイメージです。
颯爽と歩くたびになびくようなとろみ素材も、女らしさを際立たせる大切なポイントです。ワイドパンツにジャストサイズのジャケットを合わせても。ハンサムな小物でバランスを取るのがおすすめ。

4 クラシック

凛とした印象のクラシックイメージ。控えめでありつつも、知的な雰囲気が漂う大人の女性です。

ハイネックやボウタイブラウスなど、華奢で首元が詰まった服が似合うのが特徴で、パールを身に着けてもセレモニー感が出ず、おしゃれ感が漂います。ヴィンテージバッグなどでエッセンスをプラスすると、さらに雰囲気あるコーデに。

5 カジュアル

シンプルで飾り気のないカジュアル。シンプルがゆえ、着こなし力を要するおしゃれ上級者におすすめのイメージです。
デニムや白いシャツなど、無造作ヘアが似合いますが、やぼったくならないよう、アクティブで都会的な印象を加えましょう。エコバッグも素敵なアクセントとして、おしゃれに取り入れられます。カジュアルな服の足元は、パンプスできれいめを意識して。

6 ナチュラル

ほっこり自然体なナチュラル。都会の喧騒から離れ、ていねいに暮らしている人がイメージです。
服はコットンやリネン素材など、自然素材をノーアイロンで。質のいいこだわりのアイテムを、お手入れしながら大事に使いたい、そんな方におすすめです。きらびやかなアクセサリーよりも、くたっとしたやわらかい素材の小物で。靴はバレエシューズなどのローヒールにします。

7 モード

モードといえば黒といえるほど、色の印象が強いイメージ。シンプルなカットソーとボトムスさえ、モードになってしまうのは着こなし力の高さゆえ。
アクセント小物を上手に取り入れられる方におすすめです。デザイン性の強いアイテムばかりだとトゥーマッチになってしまうので、シンプルなアイテムでバランスを。辛口を意識しましょう。

8 マニッシュ

どこか飄々とした中性的な雰囲気を感じるマニッシュ。アイテムは定番の、ユニセックスで着られるものがおすすめです。ただし、質のよいものを選んでください。
トップスがゆったりならボトムスは細身といったように、ラインにメリハリをつけると、よりかっこよさが際立ちます。
ダークになりがちな服を引き立たせる白の小物セットは、ぜひ持っておきたいアイテム。

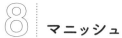

PART

03

コーディネートの基本パターンを知る

ここまで、色の選び方となりたいイメージについて解説してきました。

次は、アイテム選びのコツと、
基本のコーディネートを知っていきましょう。

コーディネートを考えるときには、
どんなアイテムから組み立てていくかが大切。

基本コーデを押さえておけば、
そこからコーディネートのバリエーションが広がります。

THEORY
005

主役アイテムを見極める

5種類の主役アイテムの特徴と取り入れ方を知る

主役アイテムは、コーディネートの中心となるもの。代表的なのは、色や柄が目立つアイテムですが、それ以外にも「隠れ主役」といえるアイテムはたくさんあります。主役アイテムを主役ととらえないままコーディネートに取り入れてしまうと、足を引っ張って、ちぐはぐな失敗コーデに……。

ここでは、意外と見落としがちな主役アイテムの見分け方を解説していきます。主張するものによって「色」「柄」「ロゴ」「デザイン」「素材」の5つのカテゴリに分けることができます。

それぞれを簡単に紹介すると、色を主張するアイテムで、ベースカラー以外のアイテムがこれにあたります。チェックやストライプ、花柄などの柄を主張するもの。ブランドマークやアイコン、メッセージの入ったもの。プリーツやアシンメトリーなどデザインに特徴のあるもの。ファーやレースなど素材感の主張があるものです。それぞれの特徴を押さえて、効果的に取り入れましょう。

主役がわかるようになれば、そのアイテムを生かしたコーディネートが組めるようになります。これまでと見違えるほど素敵になりますので、意識しながら取り入れましょう。

主役アイテムにも一軍と二軍がある

一軍と二軍を見極めてコーディネートに取り入れる

50ページで紹介したように、主役は、コーディネートで主張するアイテムのこと。

どんなに素敵なアイテムも、合わせ方次第ではお互いが足を引っ張りあって、残念なコーデになってしまいます。そうならないために、主役アイテムをきちんと「主役」と心得てコーディネートすることが大切です。

主役のうち、主張の強い一軍といえる色、柄。主張が控えめな二軍であるロゴ、デザイン、素材。これら5つのカテゴリに分類できます。

一軍である色と柄は主張が強いので、ひとつのコーディネートには1アイテムのみ取り入れると引き立ちます。

一方、二軍であるロゴ、デザイン、素材は、ひとつのコーディネートに3つまで取り入れることができます。その場合は異なるカテゴリからひとつずつ選びましょう。

例えば、ロゴが主役のカットソー、デザインが主役のプリーツスカート、素材が主役のファーのバッグの組み合わせです。同じカテゴリから2つのアイテムを取り入れると、一気に難易度が上がります。

色を主張するもの

柄を主張するもの

ロゴを主張するもの

デザインを主張するもの

素材を主張するもの

色を主張するもの

主役の中でも、いちばん主張が強いのが色です。26ページで紹介したアクセントカラーをイメージしてもらうとよいでしょう。コーディネートの中で主張する色のことです。アクセントカラーは、コーディネートを組むときに最初に選ぶ色です。

アクセントカラーは、ベースカラーのどれにも合うもので、カラフルなものと、カーキやベージュなどのベースカラーや淡い色、メタリックカラーも選ぶことができます。ビビッドな色のものだけが主役ではないことを意識しましょう。

主役アイテムとして選ぶ際、面積が大きいアイテムほど、インパクトも大きくなります。例えば同じ青でも、ロングスカートとミニバッグでは違った印象になります。

大人の女性におすすめなのは、ビビッドカラーをくすませたような色。メタリックカラーなども意識して取り入れたいものです。

柄を主張するもの

柄を主張するものはわかりやすいですね。チェックや花柄、ドットなどの柄物アイテムです。見落としがちなのは、ボーダー。

ベーシックアイテムと考えがちなボーダーも、じつは柄を主張するアイテムなのです。しかも、一軍なので、他の主役アイテムと一緒にコーディネートに入れることは避けるべきもの。ボーダーTシャツにプリーツスカート、ボーダーニットにドットのパンツなどを合わせていませんか？

大人気のレオパードも、もちろん柄を主張する主役アイテム。ボーダーと花柄など、ひとつのコーディネートに複数の柄アイテムを使うのは、おしゃれ上級者さんでも避けたほうが無難です。

ロゴを主張するもの

意外と見落としがちですが、ロゴのついたアイテムも主役と捉えます。図案化された文字が入ったメッセージTシャツなども、ロゴアイテムといえるでしょう。

Tシャツだけでなく、エコバッグやスニーカーなど、ロゴ入りのアイテムは多くあります。意識せずにロゴとロゴを組み合わせてしまっていることはありませんか？ ロゴを主張するものは、二軍の主役アイテム。他のカテゴリの主役とは組み合わせられますが、ロゴ同士はNG。

ワンポイント程度の小さなものなら別ですが、ブランドのアイコンや、ブランドを象徴するようなマークがついたアイテムも、主役です。

意識せず着てしまいがちですが、せっかくなら主役であるロゴを引き立たせるコーディネートにしましょう。

デザインを主張するもの

プリーツスカート、ディテールが目立つライダースやトレンチコート、アシンメトリーなカッティング、ビッグシルエットなどが、デザインを主張するアイテムです。

おしゃれ上級者のマストアイテムと思われがちで、トレンチコートやライダースなど、憧れて買うアイテムも。買ったものの、なんだか使いづらいアイテムともいえます。

その時々で流行りのアイテムも多いので、つい買ってしまったという人も多いのではないでしょうか。うまく着こなせないと思っている人は、主役アイテムとして意識してコーディネートしてみてください。

買い物の際は、できるだけ色は抑えめにしましょう。ひとつのアイテムで色もデザインも主張するものは、着こなし上級者向け。また、特徴であるデザインを引き立たせるためには、合わせるアイテムをできるだけシンプルにすること。

素材を主張するもの

一見シンプルに見えがちですが、リネンやファーやレース、モヘア、コーデュロイ、型押しなどが素材感を主張するアイテムです。

色や柄、ロゴなどに比べて、コーディネートの主張としてはあまり意識しないことが多いと思いますが、素材感を主張するアイテムを重ねて使うと、足を引っ張りあって残念コーデになってしまいます。上質な素材のものを選んだのに、これではせっかくの服を生かしきれません。ぱっと見は素敵に見えるアイテムこそ、注意して合わせましょう。

素材を主張するものは、主役の中でも二軍なので、他のカテゴリのものとは組み合わせられます。

脇役アイテムを知る

じつはおしゃれの要となる重要アイテム

脇役アイテムとは、主役アイテムを引き立てるものです。ベースカラーで、シンプルなデザインのアイテムが脇役アイテムにあたります。ユニクロや無印良品で、毎年発売されるような定番アイテムといえば、想像しやすいでしょうか。

一見何の特徴もないので、ショップでひと目惚れすることもないでしょうし、意識して揃えているという人も少ないかもしれません。でも、おしゃれになるためには、この脇役アイテムこそがとても大事。極論ですが、脇役アイテムだけでも、おしゃれなコーディネートはつくれるのです。

61ページでは、持っておくと便利な脇役アイテムを紹介しています。どれも使えるアイテムばかりなので、ぜひ参考にしてください。

ただし、脇役アイテムは、値段の差が出やすいもの。素材の違いでもありますが、高いものほどシワになりにくかったり、ディテールにこだわっていたり……。

脇役アイテムは毎日のコーデの軸になるので、ヘビロテも必至。予算と相談して、できるだけ投資して、質のよいものを揃えてほしいと思っています。

じつは主役アイテムより重要なのが、脇役アイテム

ボトムスが特に大切
脇役アイテムを充実させて

脇役アイテムは、コーディネートを陰で支える重要な存在。主役アイテムに比べると、華がなく地味な印象ですが、この脇役の充実度こそが、コーディネートの良し悪しを決定づけます。

引き立て役だからといって安易に選ぶことなく、じっくり試着をして、スタイルがよく見えるものを厳選しましょう。

中でも、ボトムスの存在は大きいです。具体的におすすめのアイテムとしては、テーパードパンツ、ワイドパンツ、タイトスカートの3つ。これらは長年の経験から厳選したもので、どんな人にも似合い、スタイルをよく見せてくれるアイテムです。

これから買い足す場合は、試着をしっかりした上で、慎重に選びましょう。理想のサイズは「ちょいゆる」。肌と服の間に隙間がある、下着のラインを拾わないものを選んでください。お尻のラインなど、後ろ姿の確認もお忘れなく。

ベースカラーかつ、シンプルなデザイン

脇役アイテムのポイントは、ベースカラーかつ、シンプルなデザインであることです。ベースカラーのシンプルなデザインは、どんなアイテムにも合わせやすいもの。持っておくと、ヘビロテ必至なアイテムです。もちろん、脇役だけでコーディネートしても素敵にまとまります。

使える脇役は黒いアイテム

ベースカラーの中でも、代表的な色が黒です。コーディネートを引き締めてくれて、きちんとした印象にしてくれる黒アイテムは、マストな脇役アイテム。コーディネート次第で、どんなイメージの人にも使えて、シーンを選ばず使うことができます。大人の女性は揃えておくべきアイテムともいえるかもしれません。

特におすすめなアイテムは、次の6つ。体型カバー効果のあるワイドパンツと細身のテーパードパンツ、長め丈のタイトスカート、シンプルなバッグやパンプス。ベーシックなものを押さえておくと便利です。バッグはミニショルダーバッグと、形を変えてクラッチとしても使えるトートバッグがあると、コーディネートの幅が広がりますよ。

シンプルなパンプス

ミニショルダーバッグ

トートバッグ
（折ってクラッチとしても使える）

ワイドパンツ

細身のテーパードパンツ

長め丈のタイトスカート

主役を脇役で引き立てる

まずは主役を選んで脇役を組み合わせていく

主役アイテムと脇役アイテムが見分けられるようになったら、次は、両方を使って、実際にコーディネートをつくってみましょう。

ステップとして、まずは主役を選びます。次に、その主役に合わせる脇役を選びます。

50ページのセオリー「主役アイテムを見極める」で、主役は主張するものによって「色」「柄」「ロゴ」「デザイン」「素材」の5つのカテゴリに分けられることを説明しました。

64ページからは、それぞれのカテゴリの主役を使ったコーディネートを紹介していきます。

各カテゴリの右側と左側のコーディネートを見比べてみてください。アイテムをひとつ変更しただけで、コーディネートが素敵になったのがわかるでしょうか。右側の失敗例は、いずれも同じカテゴリの主役アイテムを2つ使用したものです。街でよく見かける、典型的な「盛りすぎ」の失敗コーデ。主役をあれもこれもと取り入れても、生かしきれていません。

左側の成功例は、ひとつのカテゴリからひとつの主役を取り入れたコーディネート。主役がひとつだと簡単にまとまるので、おしゃれ初心者さんにおすすめです。

主役アイテムと脇役アイテムの組み合わせ方

ここまで紹介してきたように、主役アイテムで大切なのは、同じカテゴリの主役アイテムはひとつだけ使うこと。二軍アイテムなら、他のカテゴリのアイテムと組み合わせてもよいですが、一軍アイテムは難易度が高く、失敗しがち。
主役アイテムは、ショップでひと目惚れしやすく、お気に入りになりやすいのですが、取り入れすぎは禁物。私の経験によれば、おしゃれな人ほど脇役アイテムをしっかり押さえていて、主役を上手に引き立てたコーデをつくっています。

主役であるビビッドなマスタードイエローのトップスの色が映えるコーディネート。

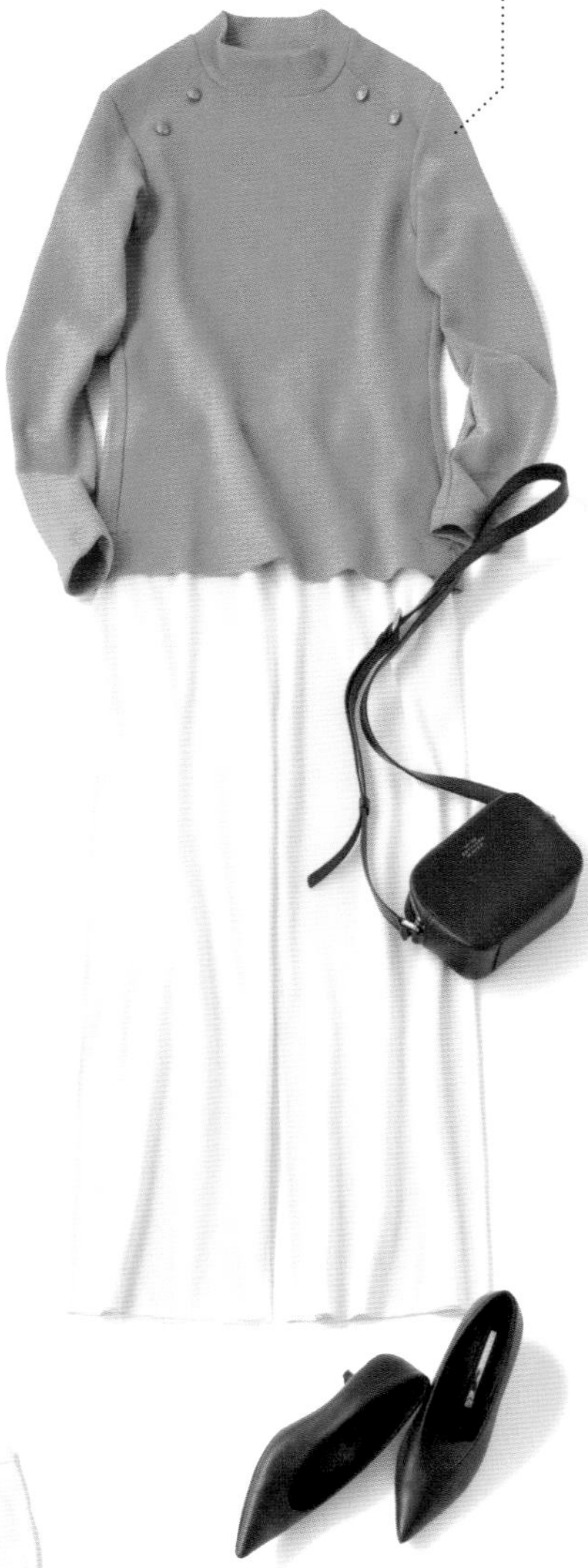

1

まずは主役を選ぶ

セオリー通り、コーディネートを考えるときは、まず主役を決めるところから。今回は色を主張するトップスを主役にしました。

2

脇役を合わせる

主役が決まったら、それを引き立てるシンプルな脇役を選んで合わせます。色を主張するトップスをベースカラーの白や黒などのアイテムで際立たせます。

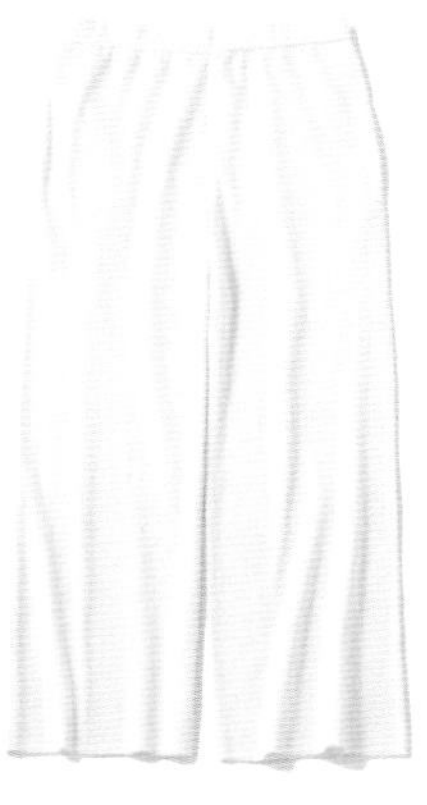

色

AFTER

BEFORE

ボトムスの色をバッグとメリハリのあるベージュに変更。バッグの色が際立ち、まとまるコーディネートになります。

くすんだグリーンのバッグを主役と捉えた場合、ボトムスの色が同じグリーン系でも、色味が違うと色同士がケンカしてしまいます。バッグの色が引き立たず残念な印象に。

柄

AFTER

柄のないシンプルなバッグに変更することで、ボーダーカットソーが生きたコーデになります。何気なく持っているモノグラムのバッグは、持つときに注意が必要です。

BEFORE

ボーダーカットソーを主役とすると、柄のバッグとの組み合わせでは、コーディネートが一気にごちゃつきます。色はベースカラーですが、柄と柄の組み合わせはNG。

ロゴ

AFTER

真っ白のシンプルなスニーカーに変えると、ロゴが際立ちまとまるコーディネートに。スニーカーは意外な盲点。見逃さずにチェック！

BEFORE

ロゴ入りのスウェットが主役のコーディネート。足元にアイコンスニーカーを合わせると、視線が散らされてスウェットのロゴが引き立たず、なんだかぼんやりした印象に。

デザイン

BEFORE

アウターもスカートもデザインを主張するアイテム。金具が目立つライダースにプリーツスカートを合わせてしまうと、インパクトも半減。ベースカラーでも、プリーツはしっかりデザインを主張します。

AFTER

プリーツスカートをシンプルなワイドパンツに変えることで、ライダースのかっこよさもいっそう引き立ちます。

素材

AFTER

バッグを素材の主張を抑えたものにチェンジすると、ワンピースのレース素材が際立ち、まとまるコーディネートに。全体の色味を統一することで、レースがより際立ちます。

BEFORE

ワンピースのレース素材を生かしたコーディネート。同じく素材を主張する型押しバッグを合わせると、どちらも素敵なアイテムなのに相殺してしまいます。

THEORY
008

必ず白をどこかに入れる

季節を問わず、誰にでも似合うまさに「万能カラー」

「白」のアイテムをどのくらい持っていますか？ 多くの人は、コーディネートで白のアイテムを使うのを避けているように思います。汚れが気になるし、洗濯も大変……。白を買うくらいなら、色味のあるベージュやグレーにしようと考える人も多いのでは？

でも、声を大にして言わせてください。白ほど使い勝手のいい色はないんです。季節を問いませんし、誰にでも似合います。ホワイト系の中でも「真っ白」は、どんな色にでも合わせられます。まさに「万能カラー」です。

その効果といえば、まずは抜け感。コーデを素敵にまとめてくれます。中和の役目もあります。例えば、ベージュとグレーの色合わせは、どこか地味な印象になりがちですが、そこに白が加われば一気にあか抜けます。

また、首周りやVネックから、ちらっと白を見せるだけで顔のくすみを回避してくれますし、トップスを白にすれば、レフ板効果で顔がパッと明るく見えます。

そう、白のパワーを一度実感したら、もう手放せません。

3色以上のコーディネートは「どこかに白」を意識する

白を足すことであか抜けた印象に

では、白の効果がどんなものか。実際にコーディネートを見ながら紹介します。

ダークカラー3色をミックスしたコーディネートは、シャープな印象を与えそうですが、全体的に暗くなってしまいがちです。

そんなときは、アイテムのいずれかを白にチェンジ。下の写真のように、ボトムスを白に変えてみた左のコーデのほうが、ぐっとあか抜けた印象になります。

コーディネートの配色が3色以上になるときは、「コーデのどこかに白」を必ず意識しましょう。

次のページからは、長年の経験から厳選した、使い勝手のいいアイテムを紹介しています。これから買い足す人はぜひ参考にしてください。

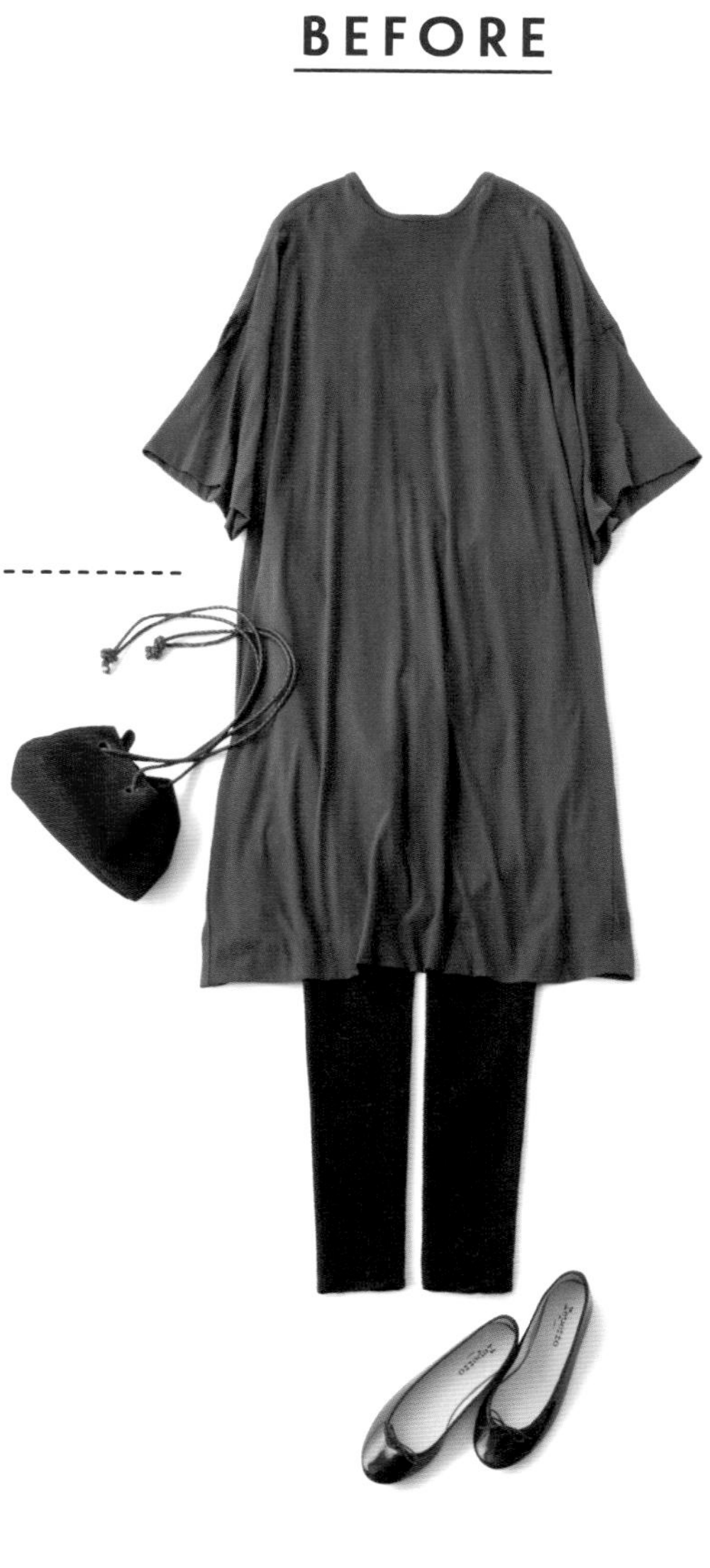

見せインナー

タンクトップやキャミソールなど、首元やVネックの襟元などにちらっと見える白が、抜け感プラスには効果的。また、トップスの裾からのぞかせたりしても。白の見せインナーの使い道は多様です。

ボートネックカットソー

カットソーの中でも、ネックレスやペンダントなどのアクセサリーと相性のよいネックラインが、ボートネックです。1枚持っておくと、どのアイテムともバランスよくまとまります。

ロングカーディガン

縦長効果が期待できるアイテム。面積が広いがゆえに、ダークカラーだと全体的に重くなりがちです。きれいめを目指すなら、ぜひ白系で押さえておきましょう。

バンドカラーシャツ

シャツの中でも襟をさほど主張せず、使いやすいバンドカラーは、着こなし次第で全てのイメージに使えます。アイロンがけが苦手な人は、ノーアイロンで着られるポリエステル素材がおすすめ。

ワイドパンツ

体型カバーにも役立つ、使い勝手のいいワイドパンツもぜひ白で押さえておきたいもの。身体にフィットしないゆったりラインなら、透け感も気になりません。

細身のテーパードデニム

細身のホワイトデニムは、足首にかけて細くなるテーパードラインがおすすめ。細身のちょいゆるサイズなら、レイヤードにも使えて便利です。

エコバッグ

買い物にマストな実用アイテムですが、じつはコーディネートに素敵なアクセントをつけてくれる優秀アイテム。シンプルコーデには、ロゴもいい仕事をしてくれます。

メルカドバッグ／ショルダーバッグ

夏コーデのアクセントに使いやすいカゴバッグ。薄着の季節、身に着けるアイテム数が少ない夏にこそ、主役のバッグが生きます。モノトーンのメルカドバッグなら大人の雰囲気に。もちろん、白系のバッグならミニショルダーやクラッチでもOK。ひとつあると助かるアイテムです。

ポインテッドトゥパンプス

ヘビロテしがちなデニムコーデも、足元がパンプスなら大人っぽく、きれいにまとまります。コーデに白が足りないとき、あると便利な鉄板アイテムです。

スニーカー

カジュアルの代名詞のようなスニーカーですが、きれいめを意識したコーディネートに取り入れてみて。真っ白ならカジュアルになりすぎず、おしゃれにまとめてくれます。

イメージごとに原型コーデを覚えてバリエーションを広げる

ベースのコーディネートに足し引きしていく

ここまで紹介したセオリーを踏まえて、コーディネートを実際に考えてみましょう。その際に意識したいのが、ベースとなるコーディネートのバリエーションを広げるということ。

まずは、ベースカラーの脇役アイテムで原型コーデをつくります。別のコーディネートを考えるとき、原型コーデを崩して考えるのではなく、そこに足し引きすることでコーディネートを考えます。

こうすることで、バリエーションが広がり、さまざまなコーディネートを考えられるようになります。また、少ないアイテムで着こなしを考えることができるようになります。

使用頻度の高い、使い勝手のいいアイテムを原型にするとより効果的です。

BASE

原型コーデ

例えば、ベーシックな白シャツとスニーカー、黒のタイトスカート、ベージュのバッグを原型コーデとします。

CHANGE×2

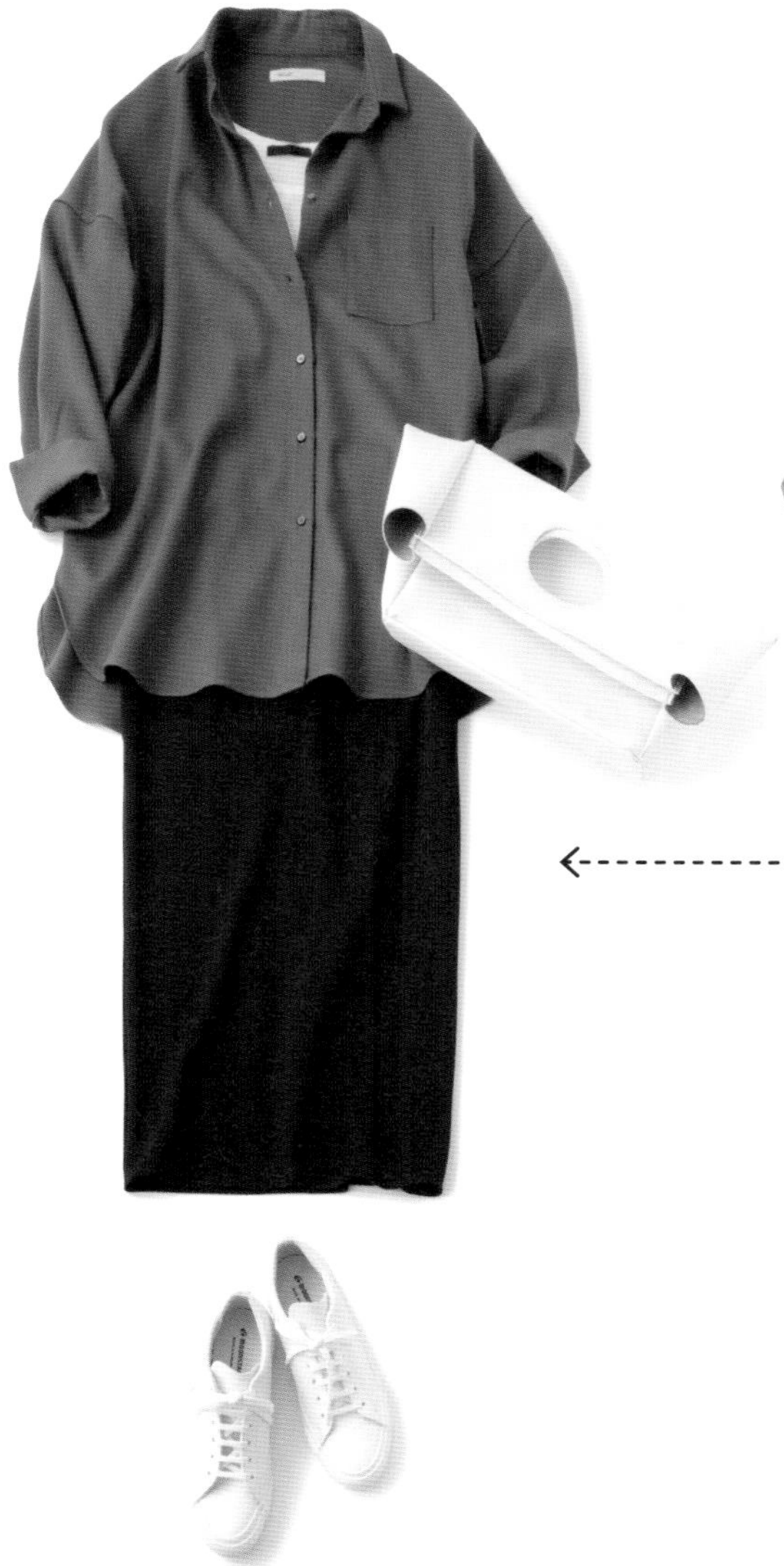

もう1カ所アイテムを変える

原型コーデのトップスをブラウンのオーバーシャツに変更しました。ベージュのバッグと色がぼやけるので、バッグを白にチェンジ。

CHANGE×1

1カ所アイテムを変える

原型コーデのスカートと同色の黒ニットをプラス。シャツをニットの裾から出すと、雰囲気ある着こなしになります。

PART

04

クローゼットを 整える

自分のイメージ、色とアイテム選び、
コーディネートの基本がわかったら、
クローゼットを整理しましょう。

きちんとクローゼットを整えることで、
手持ちアイテムを把握できて、
毎日のコーディネートも考えやすくなります。

イメージに沿って不要アイテムを選別する

脇役アイテムは残しておくのがおすすめ

自分の「なりたいイメージ」がわかったら、そのイメージからかけ離れたアイテムはクローゼットから出してしまいましょう。それが、おしゃれへの近道といえます。

特に、なりたいイメージと対極の関係にある主役アイテムは、迷わず手放してよいものです。エレガントとモード、ソフィスティケイトとナチュラル、ロマンティックとマニッシュ、クラシックとカジュアルは、それぞれ対極にあるといえます。

例えば、かっこよくて都会的なイメージのソフィスティケイトと、ほっこりした自然が好きなイメージのナチュラルでは、主役アイテムを共有するのが難しいといえます。84ページからは、イメージごとに典型的な不要アイテムを一覧にしました。

また、脇役のアイテムは、少しイメージと異なっても、残しておくことをおすすめします。減らしすぎてしまう人もいるからです。半年、1年と比較的長い期間をかけて、要・不要を判断してもいいでしょう。

イメージと異なる主役アイテムがなくなると、格段に服が選びやすくなります。管理できる量は人それぞれなので、目が行き届くアイテム数に抑えておきましょう。

1 ロマンティック

甘めでかわいらしいロマンティックには、ハンサムなボタンダウンシャツやオジ靴は合いません。流行だからと安易に着ないこと。

2 エレガント

きれいめで女らしいエレガント。ハードで強めなダメージデニムや、エンジニアブーツはイメージと異なります。

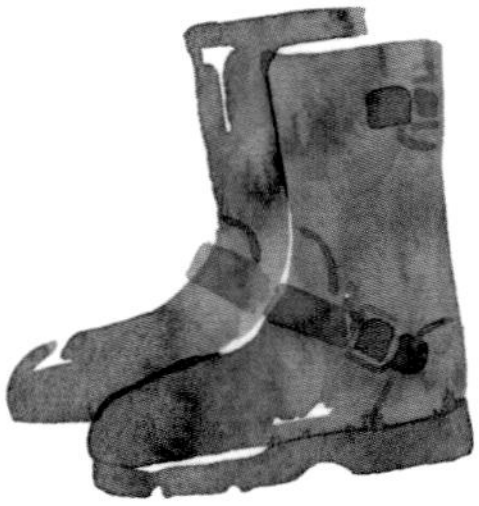

3 ソフィスティケイト

都会的なイメージのソフィスティケイト。ほっこりした印象の、ゆったりシルエットのワンピースやスリッポンはNG。

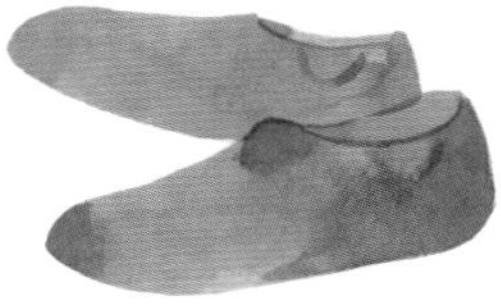

4 クラシック

凛としていて、きちんと感のあるクラシック。スウェットパーカーや、ゴツめのスニーカーはイメージと異なるのでやめておきましょう。

5 カジュアル

ラフで着飾らないカジュアルは、ペプラムブラウスやストラップ付きの甘めの靴は選ばないようにします。

6 ナチュラル

ほっこり自然体なイメージのナチュラル。とろみ素材のブラウスや、ピンヒールのパンプスは選ばないように注意。

7 モード

エッジが効いた個性的なモード。ウエストがシェイプされた女らしいAラインワンピースや、コンサバ感漂うアーモンドトゥのパンプスは×。

8 マニッシュ

かっこよくて中性的なマニッシュ。かわいすぎるフリルや、甘めなバレエシューズは避けておきましょう。

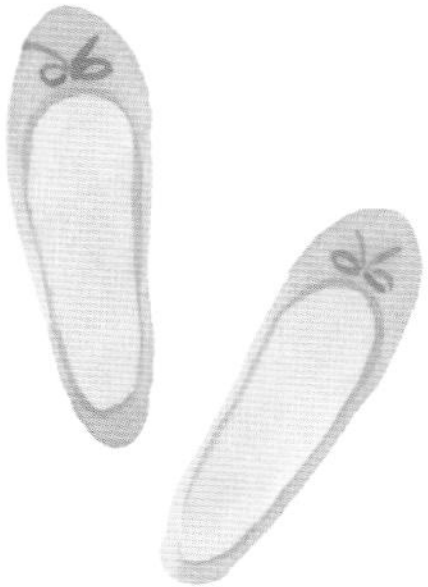

残った脇役アイテムを軸にして考える

残った脇役に他のアイテムを合わせてみてチェック

クローゼットから、「なりたいイメージ」と異なる主役アイテムを取り除いたら、脇役アイテムを軸にコーディネートを組んでみましょう。60ページで紹介したように、脇役アイテムとは、ベースカラーで、シンプルなデザインのもの。たくさんの手持ちのアイテムと合わせられるはずです。

流れとして、まずは脇役のボトムスを選び、軸とします。次に、それに手持ちのトップスを合わせて、コーディネートが組めるかを見てみます。確認したら、次のトップスへ。合わせるほうは、主役も脇役も全て。全て確認したら、次の脇役のボトムスに移ります。ボトムスが全部終わったら、今度は脇役のトップスを軸にして、同じように行います。ちなみに、ボトムス、トップス、どちらを先に行っても構いません。

すると、ひとつもコーディネートがつくれない、どれとも合わせられないものが出てきませんか？　それは、主役であっても脇役であっても、手放すことをおすすめします。

また、この作業をすると、足りない脇役アイテムも見えてくるでしょう。「この色があったら便利なのに！」と、買い足し候補のものがあるかもしれません。

ベースカラーのアイテムを
脇役と考えても

ここでは、白いロングスカートを例にします。ベースカラーで、シンプルなデザイン、まさに脇役アイテムです。このようなアイテムは残すべき脇役アイテム。トップスを合わせて、確認していきます。

ちなみに、残った脇役アイテムがほとんどない場合は、範囲を広げてベースカラーのアイテムを脇役と考えます。

白っぽい色のボトムスなら、ベースカラーのトップスとの相性はばっちり。

主張するアクセントカラーのトップスも、しっかり引き立ちます。

どのアイテムとも
合わせられないものは捨てる

脇役にならない上、どの脇役アイテムとも合わせられない難しいアイテムは、まさにタンスの肥やし状態。潔く手放しましょう。思い入れがあるものならクローゼットとは別のところで思い出として保管します。

合うものを買い足し

気に入っていて、なんとか着こなしたいアイテムは、脇役アイテムを買い足して活用しましょう。シンプルなアイテムほど、合わせられるアイテムも多くなります。

私の長年の経験から、大体の人は、白の脇役アイテムが足りません。靴やバッグ、トップス、ボトムスをひとつ加えただけで、コーデのバリエーションがぐっと広がることもよくあります。70ページのセオリーを参考に、検討してみてくださいね。

クローゼットは服を選ぶ場所と認識する

服を収納する場所ではない服を選びやすく整える

服は毎日着るものです。ルーティーンをいかに心地よく、効率的に行うか。それは、クローゼットの収納の仕方によります。

クローゼットは、服を収納する場所ではなく、服を選ぶための場所です。なので、着るときの使いやすさが最優先。そのためのポイントは2つあります。

ひとつ目は、服の出し入れがしやすいこと。基本は「ハンガー収納」です。その季節に使う服は全てハンガーに掛けます。ただし、ダウンジャケットなどの幅をとるもの、厚めのニットなど伸びやすいものは引き出し収納でOKです。

ハンガー収納ならシワもつきにくく、ひと目で手持ちの服が把握できます。コーディネートを組むとき、ハンガーごと手に取って体に当て、使わないのならそのままクローゼットに戻せます。折りたたむ手間が省けるので、貴重な時間を無駄にすることもありません。

2つ目は、グラデーションに整理すること。詳しくは、92ページで解説します。

服は「選びにくい＝使わない」といえます。ぜひ整理してみてくださいね。

Fits
Basic Color
Coordinate
Case Series

グラデーションに並べる

ベースカラーのアイテムは、トップス、ボトムス、ワンピースやアウターなどの長め丈アイテムのカテゴリに分け、それぞれ白から黒っぽい色にグラデーションに並べましょう。抜け色、中間色、締め色の順にするとよいです。アイテムの指定席が決まると、洗濯後に戻す位置も自然と決まります。

色柄ものは1か所に

ベースカラー以外の色柄アイテムは、1か所にまとめて。クローゼットの端にまとめておくのがおすすめです。一軍の主役アイテムはひとつのコーディネートに1着しか使わないので、それに合わせる脇役服をクローゼットの中心に置いて、選びやすくします。

理想のクローゼットの見取り図

バッグは収納袋に入っているものも、全て出して並べます。袋から出す手間がかかるだけで、なかなか活躍しなくなりますし、ひとつひとつ並ぶと一目瞭然なので選びやすいです。

ブックエンドで仕切ることで、自立しないバッグも省スペースで収納できます。スペースによっては2段にすると収納力アップ。

セオリーに従い、ハンガーは左からトップス、ボトムス、ワンピースやアウター。白から黒へのグラデーション。それぞれのアイテムの指定席が決まり、洗濯後に戻す位置も明確になります。

ハンガーにかけると伸びやすいざっくりニットや、シワになりにくいデニムは引き出しへ収納。コンパクトに畳みすぎると、着るときにシワが目立つことに。可能な限りハンガー収納がおすすめ。

ストールやスカーフなどの小物は、仕切りカゴを利用し選びやすく。

THEORY
012

服を買うときは必ずクローゼットを見る

必要なアイテムが明確になり別に生かせる服を発見

パーソナルスタイリストとして、多くのお客様のショッピングアテンドをする中で気づいたことがあります。それは、多くの人が目新しいものを買いたがるということ。

ただ、考えてみてほしいのです。あなたのクローゼットは、あなたが全てのアイテムを選んだ「セレクトショップ」のようなもの。本当は、どこのショップよりも満足しているはず……。他の服に目移りしてしまうのは、手持ちの服を生かしきれていない証拠では?

アドバイスは、クローゼットをこまめに確認すること。そうすることで、使えるのに眠らせたままの服や、別のコーディネートに生かせる服を発見することもあります。それなら、買い足しの必要がありませんね。

一方で、しばらく着ていない服やもう似合わなくなった服を確実に把握することもできます。必要なアイテムが明確になるので、「無駄買い」の防止に。「買い物リスト」をつくって、次のショッピングに備えてみてはどうでしょうか。

こまめな点検で、「今」の自分に必要な服だけが並んだ、理想のクローゼットが手に入ります!

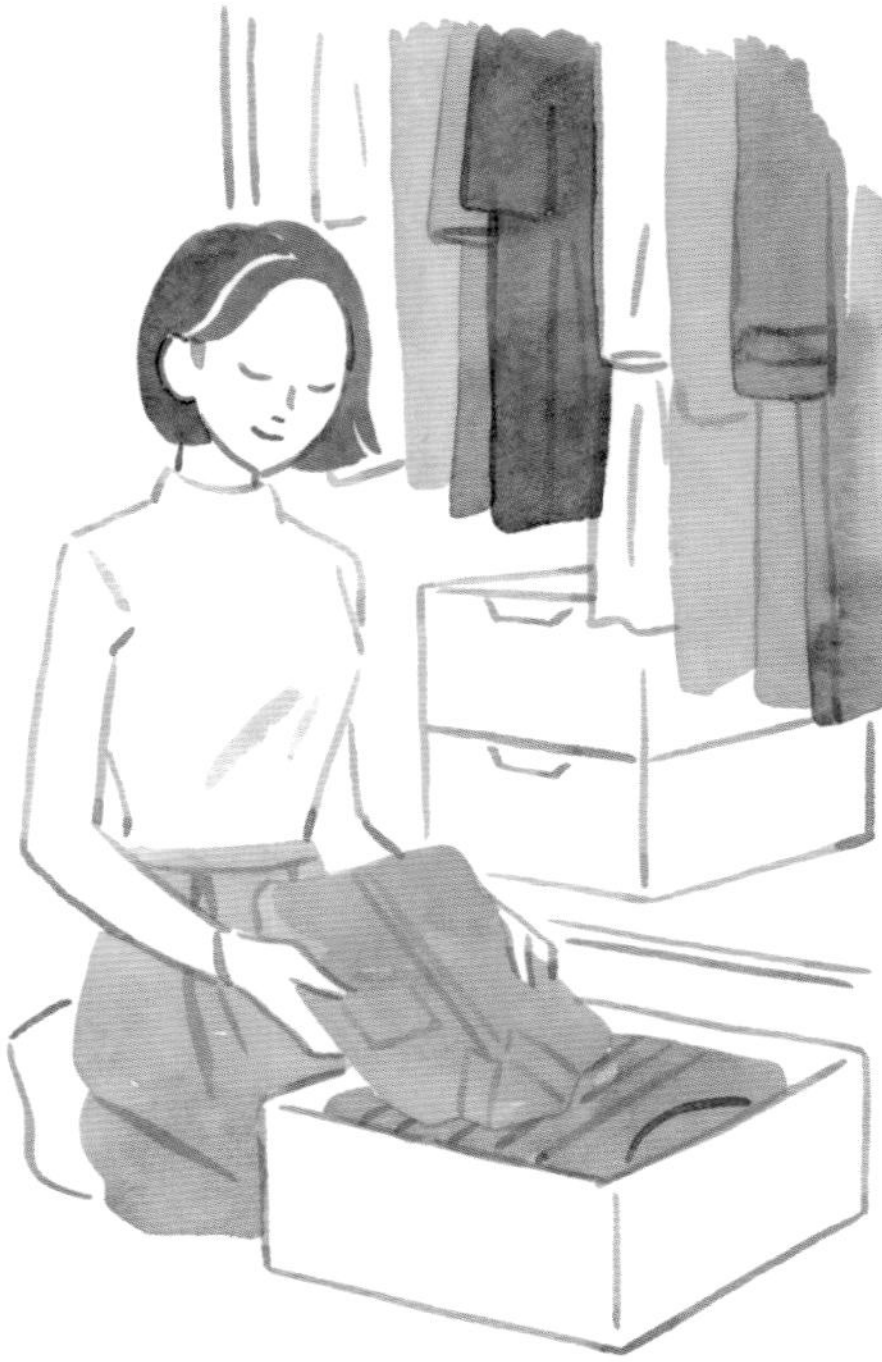

着ないアイテムは処分する

繰り返しになりますが、クローゼットは服を保管する場所という考え方ではなく、服を選びコーディネートする場所と心得てください。2年間着ていないアイテムは、今後も着る機会はないと思っていいでしょう。潔く手放したほうが、断然選びやすいクローゼットになります。お気に入りのアイテムだとしても、一旦クローゼットから出して、別の場所で保管してみてください。1年後に再チェックして、残すかどうかをジャッジしましょう。

まめに見てチャンスを

クローゼットは自分が気に入って買い集めたアイテムばかりの、理想のセレクトショップのようなもの。クローゼットの中のアイテムを蔑ろにして、新しい服を買うのではなく、手持ちの服を最大限に生かしましょう。まめにチェックすることで、忘れかけていたアイテムも蘇ります。これまでやったことのない組み合わせも、チャレンジする時間を取ることで新たな発見があるかもしれません。

季節ごとに
買い物リストをつくる

クローゼットの中のアイテムを把握すると、自然と足りないアイテムも明確になります。また、時期によっても選ぶものは異なり、足りないアイテムに気づくこともあります。そんなときこそ、買い物リストとして記録を。リスト化しておくことで、普段のショッピングで無駄買いを防げますし、セールやアウトレットに行ったときにもピンポイントで探すことができます。思いがけずお得にゲットできる可能性も。

たまに袖を通してみる

シーズンに一度は、クローゼットの中のアイテムひとつひとつに袖を通してみて。以前はコーデが難しいと思っていたアイテムも、新鮮な気持ちでコーディネートできることも多々。新たな生かし方を発見できて満足感が。買い物欲も抑えられます。

PART

05

モノ選びと着こなしのコツ

ここまで、着こなしのセオリーを
色、イメージ、コーディネートの
基本パターンと紹介してきました。

ここからは、もう少し細かい具体的なモノの選び方と、
着こなし方のポイントを解説します。

どれも難しいことではありませんので、
すぐに真似して始めることができます。

THEORY
013

スタイルがよく見えるものを選ぶ

シンプルな脇役服は着こなしやすいスタイルがよく見えるものを選んで

コーディネートにおいて、いちばんの主役は「自分」。服は、あくまで引き立て役です。体型をカバーして、スタイルをよく見せてくれるものこそ、選ぶべき服なのです。

シンプルな脇役服は、着こなしの難易度が低い傾向にあります。反対に、主役服は難易度が高め。相応の着こなし力が必要なので、安易に取り入れるのは危険です。102ページから、おすすめのトップス、アウター、パンツ、スカートを紹介します。

それぞれ右側の写真は、優秀な脇役です。コーデ全体のバランスが取りやすく、誰にでも似合います。左側は、いわば「隠れ主役」の服。デザインに惹かれて買ってしまいがちですが、実際は着こなすのが難しいもの。

じつは、これらの隠れ主役の服は、SNSなどでおしゃれ上級者がこぞって着ていたりします。あこがれて買ってはみたものの、自分が着ると……。それは、着こなし力が身についていないから。「これさえ着ていれば、おしゃれ」ということは、本来、ありえないのです。

でも大丈夫。着こなし力は誰でも身につけられます。まずは、スタイルがよく見えるアイテムを厳選してくださいね。

トップス

左側の、ラフで取り入れやすい印象のパーカーは、じつは難易度高めなアイテム。右側のゆったりしたドルマンスリーブのボートネックニットなら、どんなイメージの方でも使いやすく、体型カバー効果も期待できます。

アウター

右側はコンパクトでスタイルアップできるアウター。アウターの裾から見えるボトムスとの面積比は、アウター9に対しボトムス1以下が理想的です。まずは、右側のようなロング丈アウターを選ぶと、どんなボトムスにも合わせやすくて◎。ハーフ丈のアウターは、意外とバランスが難しいアイテムです。細身のボトムスを合わせると失敗しないので、試してみてください。

パンツ

ボトムス丈次第で、脚を長く見せられます。左側のクロップド丈のパンツは、よほど脚長の人でないと逆効果。長め丈が断然脚長に見えます。足首にかけて細くなるテーパード型なら、さらにスタイルアップ。

スカート

左側の女性らしいふんわりしたスカートは、ボリュームがあるほどぽっちゃり体型に見えがちな、注意が必要なアイテムです。すとんと真っ直ぐ落ちたラインで、長め丈のタイトスカートなら、細見えするうえ、脚長効果も。

髪もコーディネートの一部と考える

頭の部分はコンパクトにすると断然バランスが取りやすい

ファッションはトータルコーディネート。「髪」も含まれます。大げさではなく、着こなし力に負けないくらい、髪型も重要なんです。

というのも、髪は、あなたのイメージを決定づけるもの。ヘアスタイルがおしゃれになれば、あなた自身もおしゃれになれるといっていいぐらいです。逆にヘアスタイルがイマイチだと、どんなに服を上手に着こなしても、あまりあか抜けません。あなたの体の一部である髪に、もっと意識を向けてみませんか。

トータルコーデを考えると、頭の部分はコンパクトにまとまっていたほうが断然バランスが取りやすいです。ロングヘアも素敵ですが、広がりすぎないようにボリュームには気をつけて。また、頭と肩幅のバランスにも注意しましょう。黄金バランスは「1対3」。例えば、肩幅が広く見えるようなざっくりニットであれば、頭も多少ボリュームがあってもいいのですが、ピタッと体に張りつくような細身のリブニットであれば、頭のボリュームは出ないようにまとめる必要があります。

ヘアスタイルと服には、素敵に見える法則があります。106ページから、その法則を4つ紹介します。ぜひ、髪でもあなたらしさを表現してくださいね。

バランスのよい長さにする

トータルコーデで大切なのは全体のバランス。頭がコンパクトに見えたほうが、断然バランスが取れてスタイルもよく見えるものです。小柄な方が腰まであるようなロングヘアの場合、頭に重心がきて重く見えてしまいます。もっさりにならないように気をつけて。ご自身の身長やスタイルとバランスを取って、自分に似合う、スタイルがよく見える長さにしましょう。

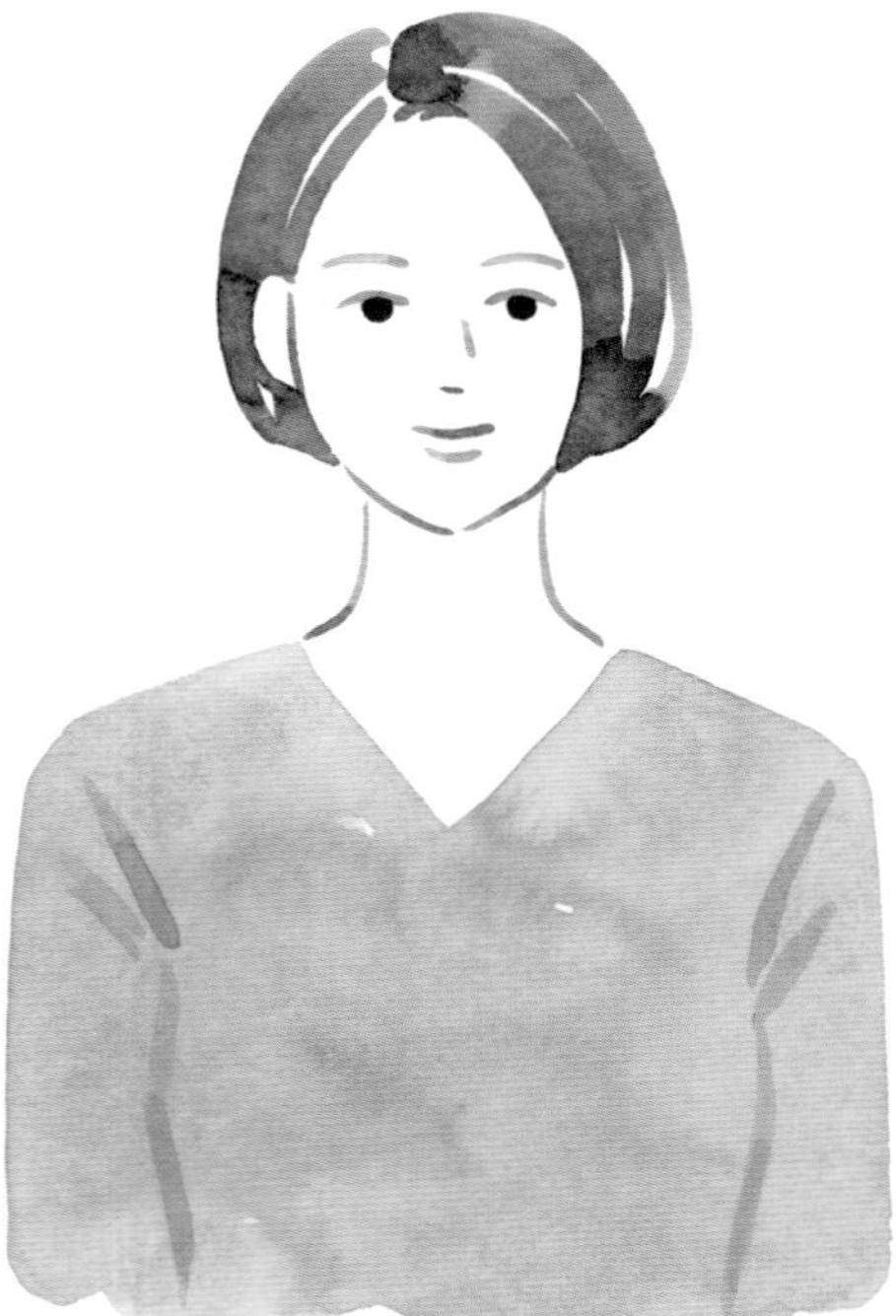

意外な盲点、髪の横幅も意識する

104ページでも触れたように、頭と肩幅の黄金バランスは1対3といわれています。若々しいボリューム感は大事ですが、細身のトップスにボリューム感のあるヘアスタイルだと、頭が大きく見えてバランスを崩しがち。広がりやすい髪質の方は、オイルをなじませるのも手。おしゃれな服だけがひとり歩きしないように気をつけたいもの。ヘアスタイルはトップスとのバランスと心得て。

いっそコンパクトにまとめる

忙しくて髪のお手入れが苦手な方や、まとまりにくい髪質の方なら、いっそコンパクトにまとめるのも手です。頭がタイトにまとまると、どんな服ともバランスが取りやすくなります。タイトにまとめてシャープな印象にしたり、ゆるっと後毛を生かし、やわらかな印象にまとめたりするのも素敵。特にマニッシュイメージでロングヘアの場合は、きっちりまとめたほうが◎。

髪色も自分らしさのひとつ

仕事などである程度の制約があるかもしれませんが、髪色は自由に変えられます。髪色を変えることで、それまで似合わないと思っていた色の服が似合うようになったり、自分らしいイメージまで変わったりするもの。また、髪色を明るくすることで白髪も目立ちにくくする効果も。よりおしゃれになり、なりたいイメージに近づくために、ぜひ、髪色も意識して。大人だからこそ、自分に似合った髪色を楽しんでみましょう。

顔立ちに合わせて柄や質感を選ぶ

顔立ちを生かすよう、トップスでバランスを調整する

トータルコーディネートでは、顔立ちも見過ごしてはなりません。トップスとの相性が重要です。ここでは、柄と素材にポイントを絞って、解説していきます。

顔立ちは、大まかに「薄い・すっきり」と「濃い・華やか」に分けられます。

すっきりした顔立ちの人には、主張のあるトップスがよく似合います。柄や素材に特徴のあるものでも品よくまとまります。

一方、目鼻立ちがしっかりした華やかな顔立ちの人は、トップスの主張は控えめに。

要するに、「足し算・引き算」なのです。顔立ちを生かし、トップスで調整するように意識してみてください。

とはいっても、全ての人が、どちらかにはっきりと分類されるわけではありません。イメージによっても違いはありますし、好みもあることでしょう。多種多様なアイテムの中から、自分に似合う1着を選ぶことは、そう簡単ではないかもしれません。だからこそ、さまざまなトップスを合わせて比較してみる。鏡を見て「なんだか素敵!」と思えるものと出会うまで、妥協せずに探してほしいのです。自分と向き合うことなくして、おしゃれは完成しないと思ってます。

薄い・すっきり

すっきりした顔立ちの方なら、トップスでインパクトをつけるのもおすすめ。ボーダーや霜降り柄、ローゲージニットなど、のっぺりせず表情を主張するトップスも、品よくまとまります。特に、大人女性に人気のグレーの霜降り柄は、すっきりな印象の人にこそおすすめ。顔立ちによっては、盛りすぎな印象を与えてしまうアイテムなので、じつは誰でも取り入れられるものではありません。

濃い・華やか

目鼻立ちがしっかりした、華やかな顔立ちの方は、顔周りの引き算も大切。ボーダーなら首元まで柄のないタイプや、ハイゲージニットなど、素材感を主張しないトップスがおすすめです。シンプルな素材のものがよく似合います。

THEORY 016

バッグは1個持ちが基本 複数持ちはNG

派手な色など主役級のバッグはじつは難しいアイテム

私は、手持ちのバッグは少なくていいと思っています。シンプルなトートバッグ、ショルダーバッグ、クラッチバッグだけでも十分。

ところが、おしゃれ初心者さんの中には、バッグを多く持っている人が意外と多く、しかも、派手な色やバイカラーなどの主役級がほとんど。主役バッグを使うなら、服はシンプルなものに限られます。でも、手持ちの服を見ると、そちらも主役級ばかり。それだとアイテム同士の主張がぶつかって、どうしても、組み合わせるのが難しくなってしまいます。

典型的な失敗コーデとしては、A4書類が収まるようなサイズのバッグを2つ持ちしているケースです。コーディネートでは、アイテムの数が増えるほどバランスを取るのが難しくなります。手に持つバッグは基本1個までです。

そのほか、エコバッグの持ち手を結んだり、ショルダーバッグを斜めがけしたりと、ちょっとの工夫でコーデは見違えるように素敵になります。114ページからは、バッグの取り入れ方のポイントをまとめました。ぜひ試してみてください。

白で抜け感をプラス

コーディネートがなんだかパッとしない。そんなときはぜひバッグを白にしてみてください。ぼんやりしがちな中間色コーデも、抜け感がプラスされてこなれた印象に。

カラフルなものはクローゼットと相談

インパクト大なカラフルバッグにときめくこともあるでしょう。素敵な色だからと飛びつくのではなく、クローゼットのアイテムと色の相性がいいか、冷静に判断して買い足して。買ってもあまり使わないなんてことがないように。

基本は１個持ち

荷物が多いと、バッグをプラスしてしまいがちですが、トータルコーデもまとまりづらくなります。大きめバッグにするなど、基本は１個持ちと心得て。最近は、キャッシュレス決済も普及していますので、スマホにチェーンをつけて、アクセサリー感覚で斜めがけするのもおすすめです。残りの荷物を大きめのバッグに入れて、すっきりとまとまります。

エコバッグは持ち手を結んで

エコバッグに多いスーパーのショッパー型。そのまま持ってしまうと、素敵なロゴも生きませんし、ただの買い物袋のような印象に。そんなときは持ち手を結んでトート型に。エコバッグにも細心の気遣いを。

やわらかいトートをクラッチに

大きめサイズのトートバッグですが、やわらかいものなら二つ折りにしてクラッチ風に持つのもおすすめ。雰囲気がガラッと変わってこなれた印象になります。ひとつのバッグで使い回せます。

ショルダーを斜めがけ

こちらも使い回しアイデア。ショルダーバッグは肩かけだけではもったいない。手持ちでアクセサリーのようにプラスしたり、斜めがけしたりするとぐっとカジュアルに。コーディネートに合わせて持ち方に変化をつけて。

バッグと靴はセット化する

コーディネートに使えるセットをあらかじめ決めておくと便利

小物のうち、バッグと靴は、コーディネートをつくるうえで、とても大切です。ところが、多くの人が、それほど重要視していないように思います。

バッグと靴がちぐはぐだと、全体のコーディネートの印象が悪くなります。色や素材の違いだけでなく、意識するポイントはいくつかあります。

私がおすすめするのは、バッグと靴の「セット化」です。全体のバランスを考えて、ひとつのコーディネートに使えるセットをあらかじめ決めておくのです。もちろん、ひとつのバッグが複数の靴に合わせられる場合もあります。パターンをいくつか考えておきましょう。

基本は2つ。ひとつ目は、色を合わせること。白のバッグを持つなら、白の靴を合わせると簡単です。2つ目は、テイストを意識すること。カジュアルなスニーカーなら、バッグはきれいめのレザーバッグにして、全体のバランスを取ってみてはどうでしょうか。もちろん、服のテイストも考慮してくださいね。

PELLICO

主張するもの同士はNG

ひとつのコーディネートでバッグも靴も主張が強いものにすると、「これも持ってます」といった自慢っぽさが際立ちます。また、ケンカしてどちらも引き立ちません。主張の強い小物はコーディネートの中でひとつだけ。あくまでさりげなく取り入れます。

BAD

どちらも同じ質のものにする

高価なバッグに、プチプラの靴を合わせている方も多いのではないでしょうか。写真ではわかりにくいですが、価格と質の高さは比例していることが多く、実際に見ると安っぽさが悪目立ちします。できるだけ、どちらも同じ価格帯のものにしましょう。とはいえ、おしゃれは足元から。どちらかひとつなら、靴にお金をかけたいものです。

シンプルなもの同士はOK

シンプルなバッグと靴はセット化しやすく、色々なコーデに合わせやすいので、ぜひセット化しておきましょう。忙しい朝も小物セットがあれば、迷わずコーデが決まります。

色はできるだけ近い色を合わせる

コーディネートは、色味が増えるほど難易度が上がります。まったく同じ色のアイテムはなかなか見つかりにくく、特にニュアンスカラーは、バッグと靴の色味のわずかな差がトータルコーデに影響するもの。できるだけ近い色でセット化を。

スニーカーはレザーバッグできれいめに

カジュアルなスニーカーには、バッグもカジュアルなエコバッグを合わせがちです。でも、大人の女性は、スニーカーこそレザーバッグできれいめにしましょう。特に白はセットで持っておくと便利です。

アイコンバッグと靴をセットに

ブランドのアイコンバッグをお持ちの方は、バッグのベースの色に合わせてシンプルな靴をセット化しましょう。バッグと靴の両方ともに、ブランド感が目立つものを選ぶと、一気にセレブなおばさん化してしまいます。

THEORY
018

足元には抜け感を出す

コーディネートに合うか考えずに選びがち

コーディネートにおいて、足元は盲点になりがちです。服やバッグはクローゼットに収納されていることが多く、同じタイミングでコーディネートを考えやすいのですが、靴となると、大体は玄関に置いていますよね。着替えが終わって、いざ外出するときにサクッと選びがち。靴を合わせてみたら、なんだかイマイチ……。そんな経験がある方も多いのでは？

ここでは、そんな油断しがちな靴のコーディネートのポイントを紹介します。それは、「抜け感」です。どの靴でも抜け感を出すことを意識してください。

どんな人でも1足は持っていてほしいのが、大人女性のマストアイテム、パンプスです。とはいえ、パンプスも選び方が重要。

白のスニーカーは、アクティブな日にとても便利で、足にも優しい靴ですが、履き方を注意しないと、あか抜けない印象に。ボトムスに隠れて「どうせ見えない」と油断しがちですが、ここも気を抜かずに。

甘め、きれいめの服が多い人なら、スニーカーの代わりにレースアップシューズがおすすめです。詳しくは、122～123ページを参考にしてください。

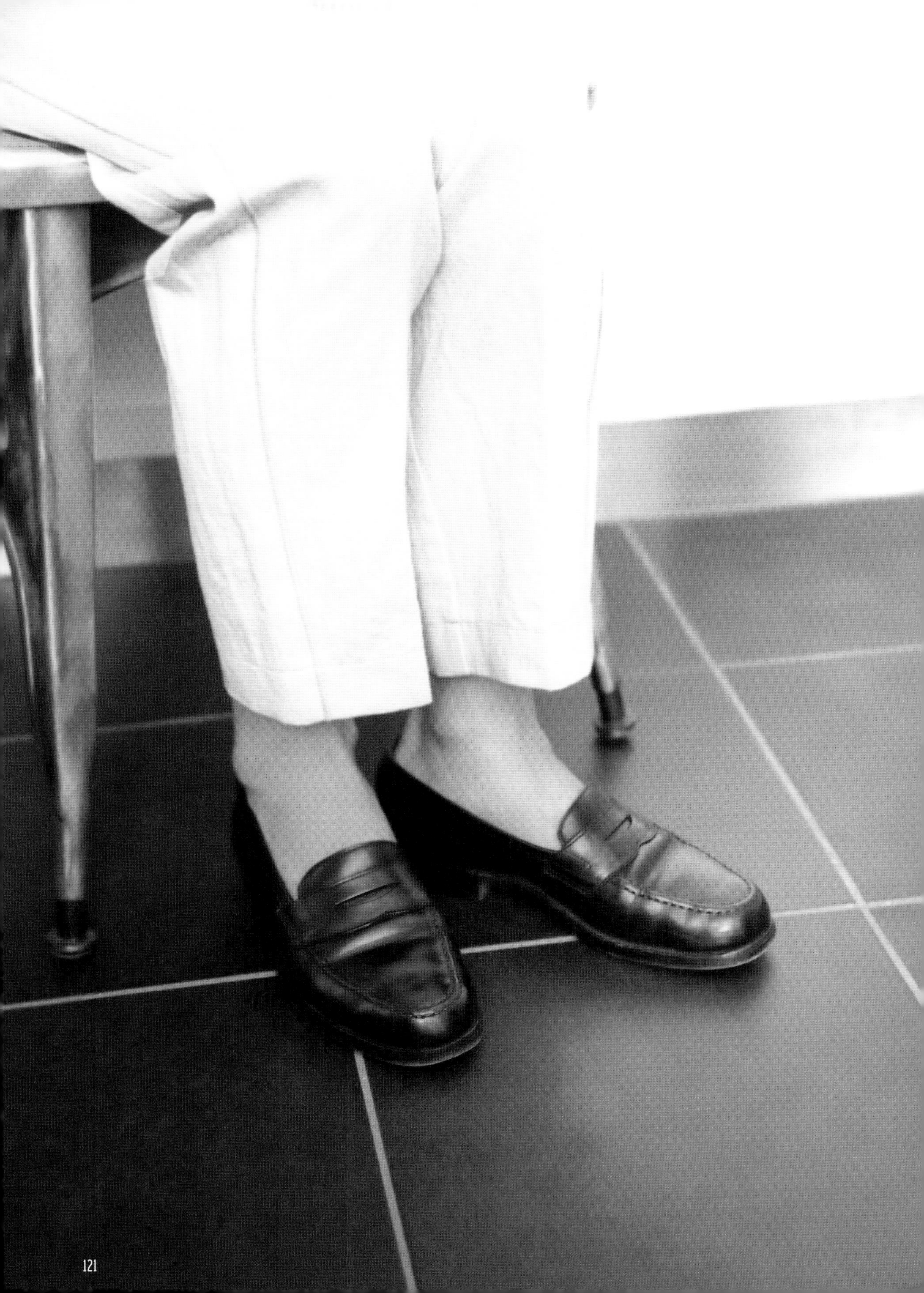

パンプスは甲が見えるもの

パンプスは足の甲が見えるものにしましょう。靴とパンツの間に肌が見えると、抜け感も出ますし、脚長効果も期待できます。履くときは、基本裸足か、もしくは見えない浅めのフットカバーを履きます。ストッキングなら、素足に見えるような素材のものがいいでしょう。

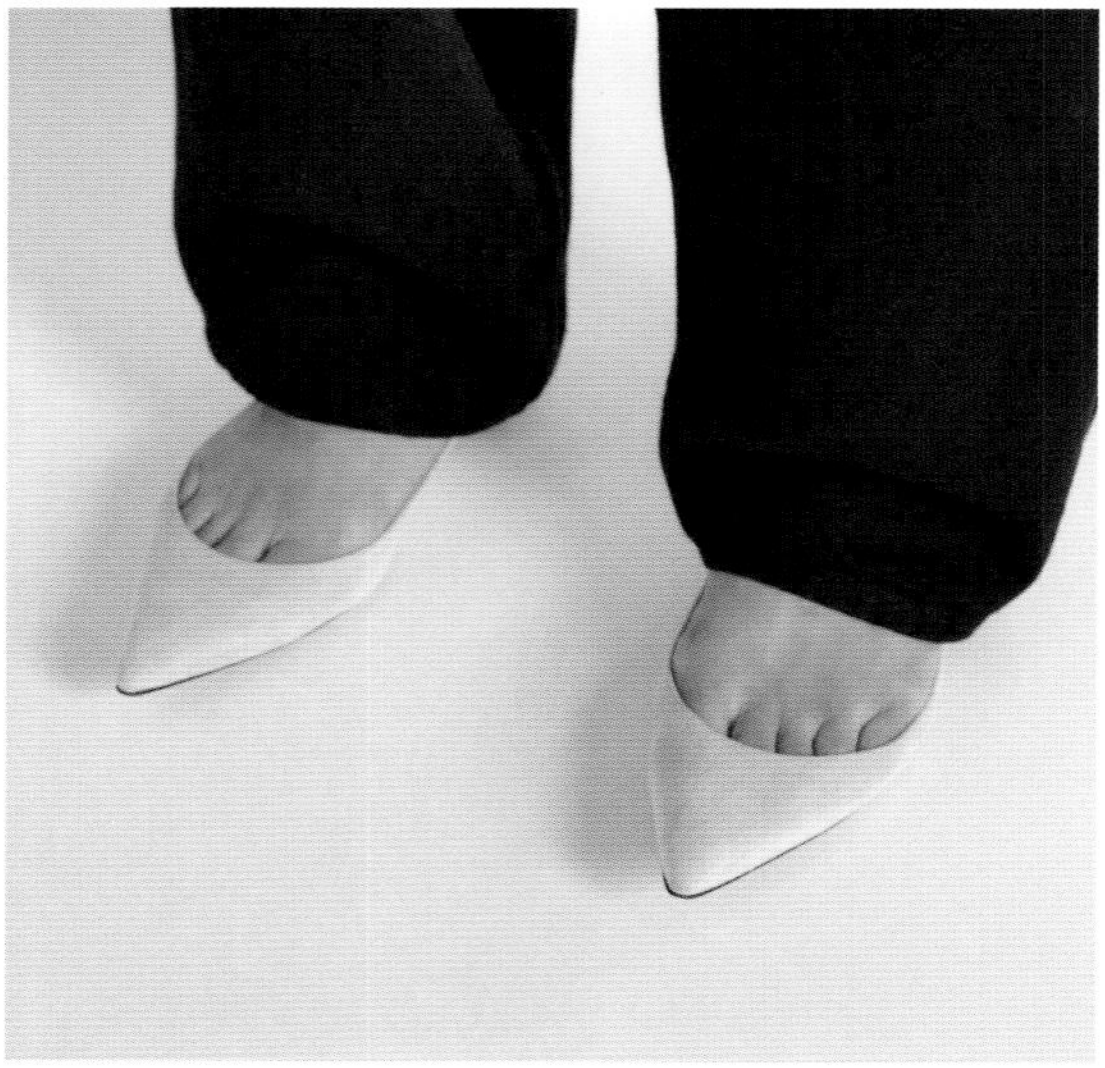

シンプルなサンダルはどのイメージにも◎

夏コーデにマストなサンダルですが、いろいろありすぎて一体何を選べばいいのか迷いますよね。そんなときは足首を横一本でホールドする、シンプルなサンダルを。どんなイメージにも使える万能アイテムです。

甘めイメージの人はコンパクトに

スニーカーは便利ですが、困るのがきれいめや甘めイメージの場合。アクティブな日には、レースアップシューズで足元をコンパクトにまとめて。横幅が狭く、華奢に見えるので、服とのバランスも取りやすくなります。

バレエシューズも素足に見えるように

やわらかくて履き心地のいいバレエシューズですが、タイツに合わせると意外と「バレリーナ感」が出てしまいます。パンプスと同じように、ストッキングやフットカバーを仕込む場合も、素足に見えるように意識すると、おしゃれに履けます。

スニーカーソックスは厳選して

カジュアルなスニーカーだからといって、ソックスがチラ見え……。それではせっかくのおしゃれも台無しです。スニーカーだって油断は禁物。履き口からソックスが見えないよう、浅めのソックスを選んでください。

タイツと靴のメリハリは抑えめに

脚の形がリアルに出てしまうタイツ。濃い色のタイツに白い靴を合わせると、メリハリが強すぎて足元だけ浮いた感じに。白い靴なら素足っぽく合わせるか、ライトグレーのような淡めの色のタイツにチェンジしましょう。

ブーツは脚長効果優先で選ぶ

迷ったら、まずはロングブーツを選ぶ

秋冬のコーディネートに欠かせないアイテムといえば、ブーツです。なんといっても使い勝手がいいのは、ベースカラーのロングブーツ。幅広いコーディネートに合わせられます。飾りのついていない、シンプルなデザインのものがおすすめです。

ロングブーツにパンツを合わせる場合、基本は裾をブーツに「イン」します。ブーツの履き方で大切なのは、ボトムスとブーツの間がつながって見え、分断されないこと。肌などが見えてしまうと、「スカート＋肌＋ブーツ」と横に分断される数が多くなってしまい、脚が短く見えてしまいます。

足首くらいのショートブーツの場合も基本の考え方は同じですが、合わせ方にコツがいります。126〜127ページで紹介しますので、参考にしてください。

ブーツ選びでは、サイズにも気を配ってください。普段の靴より、1サイズは大きめのものがいいと思います。寒い季節に履くことの多いブーツ、厚手の靴下を履いても安心ですし、パンツインができるようにふくらはぎ周りにもゆとりがほしいところです。

ワイドパンツは裾をたるませて

太めのテーパードパンツやワイドパンツは、裾を絞って少したるませてブーツイン。パンツが太めだからといってブーツの外側に出すと、もっさりした印象に。

パンツは細身をブーツイン

ロングブーツは、基本的にはパンツの裾をインして履きましょう、つま先に丸みのあるショートブーツはぽてっとした印象になりがちなので、すっきり履ける細身のパンツをインして。

ボトムスとつなげて縦長効果

基本通り、膝丈パンツもロングブーツとつなげることで、分断を回避。縦長効果でバランスよくまとまります。

スカートは マキシ丈を被せて

スカートにブーツを合わせる方も多いと思いますが、基本を忘れずに。スカートとブーツをつなげて分断を回避します。スカートの裾とブーツの間に足が見えないだけで、脚長効果絶大。

悩んだら ロング一択

これからブーツを買うのなら、ぜひロングブーツがおすすめ。ショートブーツなどに比べて、どんなボトムスにもバランスよく合わせられます。膝丈のスカートと合わせても、ブーツとの間に肌の色やタイツが見えないので、脚長効果が期待できます。

とろみパンツは ソックスインで微調整

素材の質感が原因で、ブーツに収まりにくいとろみパンツ。そんなときはパンツの上からソックスでホールドして履きましょう。ソックスはブーツに隠してしまえば問題ありません。ベルトなどで足首を絞めて履くタイプのブーツが使いやすいでしょう。

THEORY 020

ストールやスカーフはベースカラーで

柄の主張があるストールは合わせられる服は限られる

ひと目惚れしがちなストールやスカーフ。いざコーディネートに取り入れようとしても、思いの外使いにくく、クローゼットにずっと眠らせているという人も多いのではないでしょうか。

ストールについては、カラフルなものやチェック柄のものが多い印象です。色使いもかわいくて、つい手に取ってしまいそうになりますが、柄の主張があるストールだと合わせられる服は限られてしまい、使用頻度は低くなってしまいます。もちろん、主役アイテムとして使うなら大丈夫です。

また、ストールは素材そのもののようなアイテムなので、品質の良し悪しがわかりやすいです。安いものを何枚も持つよりは、上質なもの1枚に投資してみましょう。

スカーフは、柄物でインパクトの強いものが多いと思います。いわば、一軍主役が凝縮されているようなアイテム。ベースカラーのものがベストですが、柄が目立つものでも色味が少ない、または小さい柄のものであれば、おしゃれ初心者にも使いやすいといえます。

使いやすいストール・スカーフの選び方と、コーディネート例を紹介します。

ストールは無地のもの

カラフルなものやチェック柄など、かわいいストールも多いですが、圧倒的に使いやすいのはベースカラーで無地のもの。特に冬になると、毎日のように使うので、主張するアイテムほど、使用頻度は低くなります。

大きさの目安は「70〜80cm×160〜180cm」。大判のものが、アレンジがしやすくて便利です。フリンジがついていない、ニット素材のものがいいでしょう。

スカーフは柄でも色味が少ないものを

ハイブランドやプチプラを問わず、スカーフといえば柄ものという印象が強いですよね。もちろん、柄を主役として使うのもありですが、さまざまなコーディネートに使いやすいのは、やはりスカーフもベースカラーに近いもの。細かいドットやペイズリー柄、主張のやわらかい豹柄など、柄が細かいものもおすすめです。

バッグに結んで使う

顔周りでは主張が強い柄スカーフも、バッグに結べばアクセサリー代わり。襟元に使うのももちろんよいですが、スカーフを使い慣れない人でも手軽に使えます。シンプルコーデのアクセントに。スカーフを結ぶ際は、バイヤスに折って束ねると、長さもでてすっきりきれいに見えます。

ストールの色を効果的に使う

締め色（p25参照）のダークブラウンを使って、コーディネートにアクセントをプラス。ホワイト系でまとめた、ぼんやりしがちなコーディネートにおすすめです。無地だからこそ、ベースカラーやアクセントカラーを踏まえて、ストールの色を活用しましょう。

最後はアクセサリーで仕上げする

大人女性にはゴールドがおすすめ

大人女性こそ、さりげなくアクセサリーを取り入れたいもの。シンプルで、主張しすぎず、服を引き立ててくれるものが理想的です。コーディネートの仕上げに、ぜひアクセサリーを取り入れてみてください。

色については、色白の人なら、シルバーがよく似合いますが、年齢が上になるほど、どんな人にもゴールドがおすすめです。くすみがちな肌をパッと明るくしてくれます。なお、ひとつのコーディネートで、複数の箇所で両方の色をミックスしないのが原則。

イヤリングやピアスについては、多くの人がひと目見てかわいらしいデザインに惹かれがちのようです。ところが、主張の強いアイテムと顔の個性がケンカすることも。

このほか、ネックレスは、トップスとのネックラインに気をつけて。Vネックにペンダントなど、ラインが同じになるのはラインが重なりごちゃつく原因に。異なる形状のほうが、おさまりがよくなります。

また、ブレスレットは、両腕につけるのではなく、片腕のみが自然。あれこれ盛るよりも、さりげなくアシンメトリーにつけたほうが、雰囲気が出て素敵にまとまります。

AFTER

BEFORE

アクセサリーがアクセントに身に着けた印象で選ぶこと

同じコーディネートでも、ぐっと華やかに。シンプルコーデによいアクセントになります。アクセサリーはひと目惚れで選びがちですが、必ず身に着けた印象を確認すること。思いの外デザインが主張してしまうアイテムも。顔周りにつけるピアスやイヤリング、ネックレスは、顔立ちとのバランスを考慮してシンプルなデザインに。

アクセサリーなしだとちょっと物足りない印象

まずはアクセサリーなしのコーディネートから。アイテムや組み合わせは素敵でも、ちょっと物足りない印象に。アクセサリーを効果的につけるなら、黒などのダークカラーコーデにプラスするのが◎。主張のないコーデが一気に華やぎます。

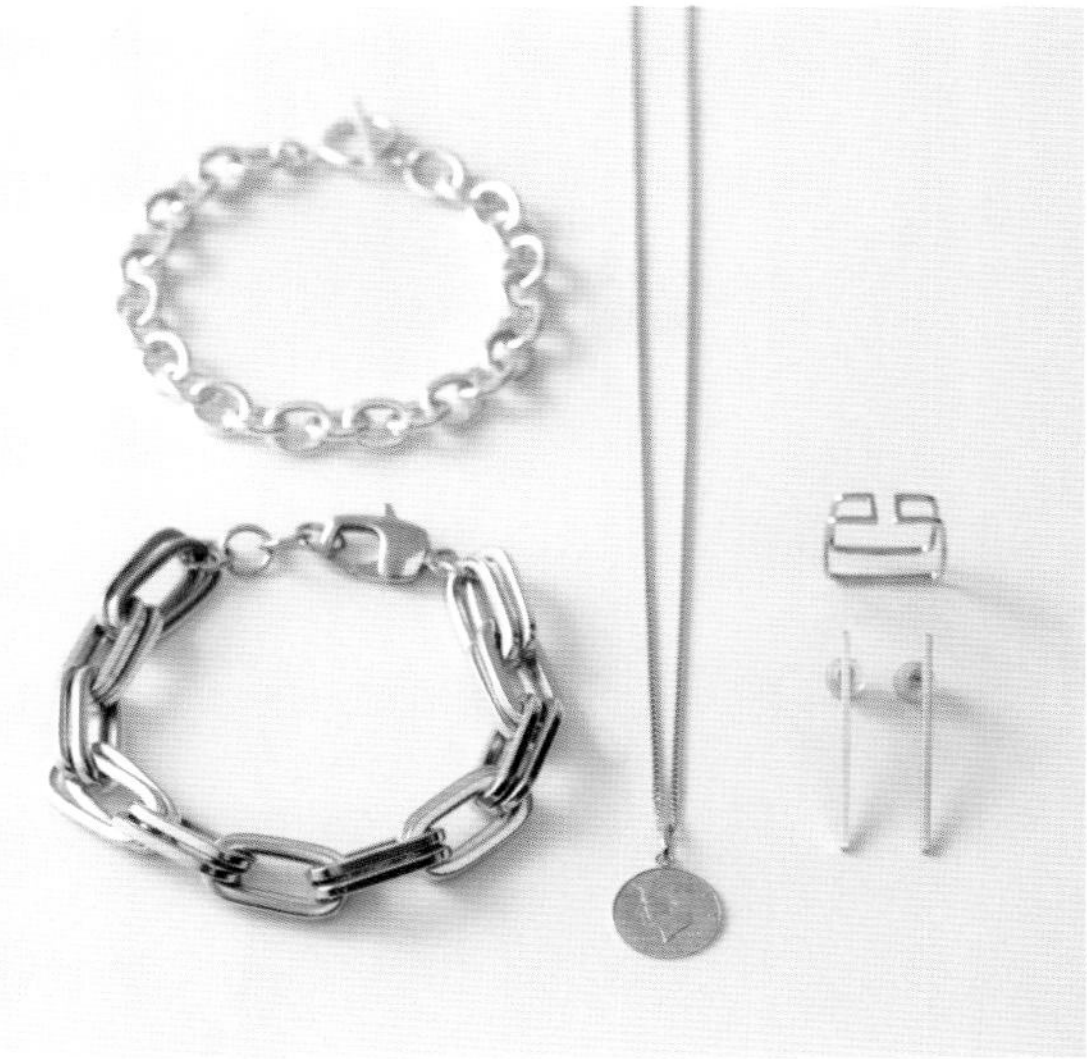

量より質

使い勝手のいいものを選ぶのが基本。アクセサリーはたくさんの種類を持つ必要はないので、クローゼットの中のさまざまなアイテムと合わせやすいものを厳選して。特に大人の女性なら量より質を優先したいものです。

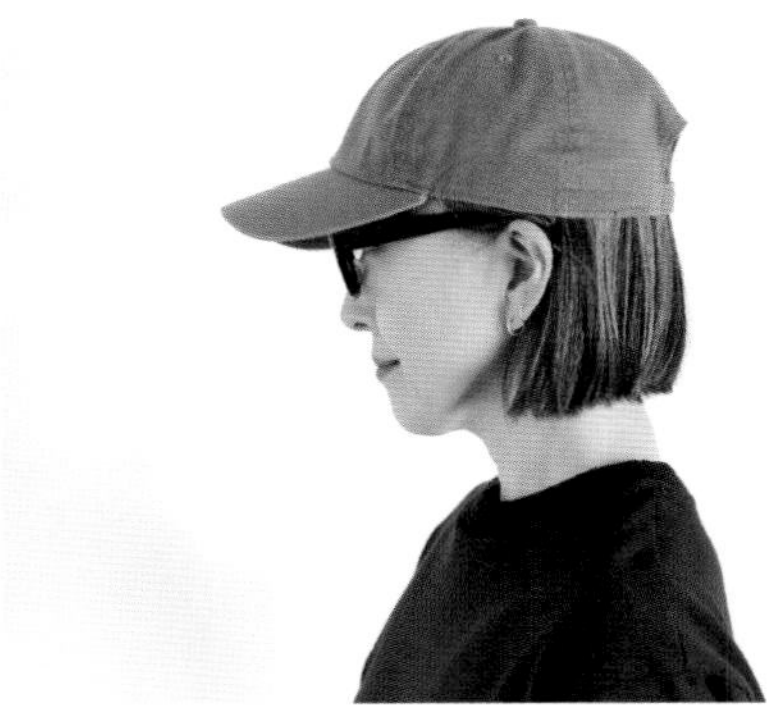

帽子は髪型とのバランスを考える

コーディネートのアクセントになる帽子は、重要なアクセサリーのひとつ。適当にかぶるのではなく、髪型も合わせてバランスを取りましょう。耳を出す、出さないだけでも、印象はガラッと変わります。

BAD

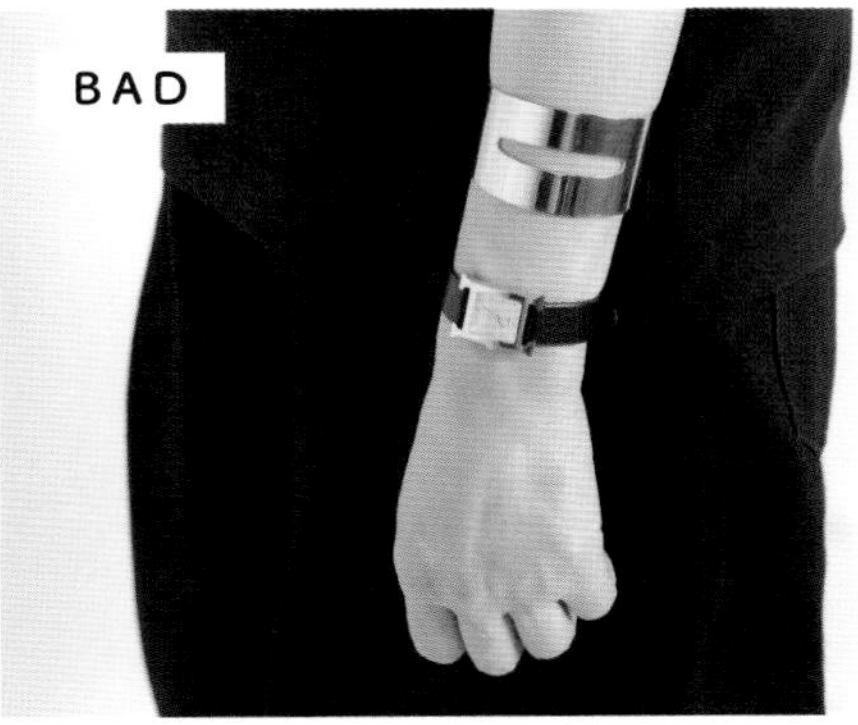

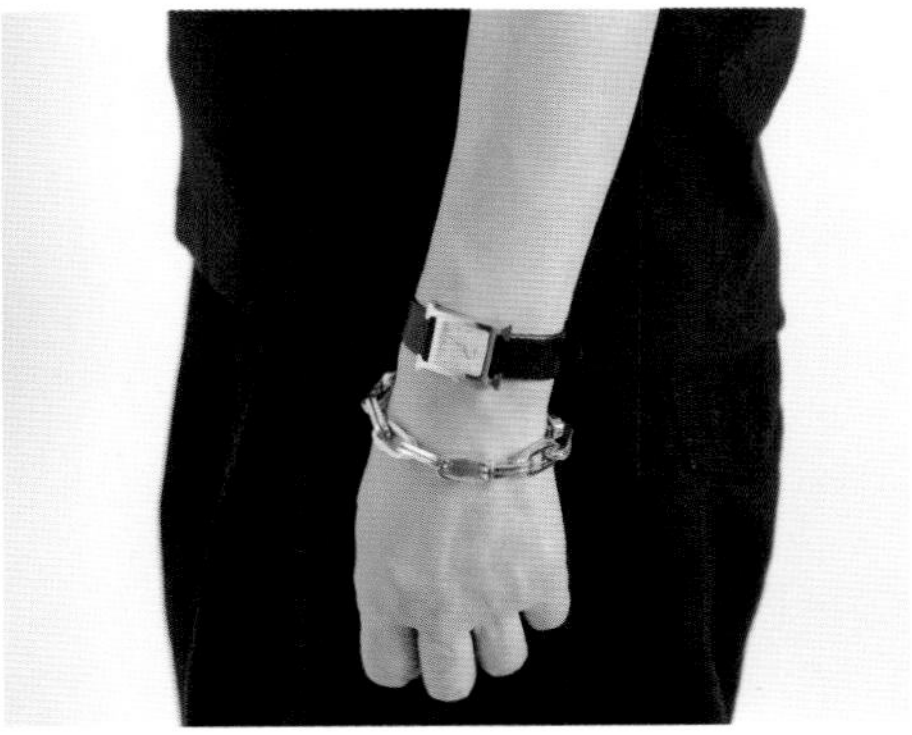

太めバングルと腕時計はミックスしない

意外とやりがちなのが、これ。腕にはまる太めのバングルを腕時計と重ねづけすると、腕が短く見えてしまいます。腕時計と重ねづけするなら、揺れるブレスレットがおすすめ。腕時計と色やイメージを揃えることもお忘れなく。

column

コーディネートの色味を数える

コーディネートを考えるときの色は、「色味」でカウントします。

例えば、グレーという表記の色でも、青味がかったグレーや赤味がかったグレー、無彩色のグレーなど、色味はさまざま。これらの似て非なる色をひとつの色とカウントした場合、コーディネートの中にいくつも取り入れてしまうと、ちぐはぐな印象に。知らず知らずのうちに4色、5色とたくさんの色を使って、コーデを台無しにしているのです。失敗しないコーデの基本は、全身3色以内ですから。

色味を確認する方法としては、例えば２つのブラウンがあるとします。濃いほうのブラウンに白の絵の具を足したとイメージしてみてください。白を足したほうの色と、淡色のブラウンの色が同じになれば、同じ色味と考えてOKです。コーデでは１色とカウントします。逆に、違う色になれば、NGです。同時に使うのは避けたほうがいいでしょう。

ただ、実際は、白い絵の具を足すことはできないので、アイテム同士を並べて、じっくりと見比べるしかないのです。はじめは判断するのが難しいかもしれませんが、向き合った分だけわかるようになります。諦めないでくださいね。

雑誌などで特集される同色系コーデ、いわゆるグラデーションコーデは、同じ色味の「濃い」「薄い」でつくるからこそ、おしゃれ感が出ます。色味を念入りにチェックして、挑戦してみてくださいね。

オケージョンでのおしゃれ

子どもの入学式や卒業式などのオケージョンでは、基本的に正装しますよね。学校や地域によって特色やルールがありますので、TPOに合わせたファッションが第一優先になりますが、それを踏まえたうえで、少しでもおしゃれを楽しめたらいいですよね。

オケージョン用のセレモニースーツは、スカートが膝丈だったり、裾広がりだったり。正直、ちょっと昔風に見えがちです。すでに持っているのなら、スカートの丈をお直しして、膝からくるぶしまでの間の長さにしてみては？ 格段に素敵になりますよ。

少し買い足してもいいのなら、トップスと同じような素材で、スカートを長め丈のタイトスカートに代えてみてください。見違えるようにスタイルアップします。

新たに購入するなら、なんといっても、とろみ素材のセットアップがおすすめ。トップスはかぶって着るタイプのプルオーバーで。ボタンなどがついていない、シンプルなものがいいです。ボトムスは、テーパードパンツやワイドパンツでもいいですし、スカートなら、やはりタイトスカートの長め丈が優秀です。

シーンによって小物を変えれば、雰囲気もがらりと変わります。日常のコーデでも大活躍しますので、ぜひ吟味してくださいね。

サイズよりもライン

街を歩いていると、いつも不思議に思うことがあります。それは、女性たちが着ている服のサイズ感。トップスもボトムスも、肉感を拾いすぎているものが多く、はっきり言って、目のやり場に困ります。もうワンサイズ大きければ、ラインがきれいなのに！ と思わずにはいられません。

まずはパンツ。ウエストにジャストフィットのサイズを選んでいる人が多いような印象です。そうなると、お尻や太ももがピッタピタになっていることが多くあります。

実際、ウエスト部分って、トップスに隠れてほとんど見えませんよね。むしろ、目立つのは、お尻周り。下着のラインがひびかないような「ちょいゆる」のサイズがマストです。盲点になりがちな後ろ姿も、ちゃんと確認しておきたいものです。

また、「丈」も重要です。ワイドパンツであれば、クロップド丈よりも、フルレングスのものが、脚が長く見えてスタイルアップになります。

スカートについては、幅が広いものほど、丈は長いほうがいいです。特に注意してほしいのは、ふんわりしたものや、Aラインのもの。どうしても幅にボリュームがあるので、丈が短いと、ずんぐりとした印象に。サイズによって、丈の長さが異なることも多いので、長さはしっかりと確認しましょう。

サイズ表記はあくまで目安です。なんとなく小さいサイズを選びたくなるかもしれませんが、重視すべきは、着たときのライン。サイズ違いをいくつか試してみて、あなたのスタイルがよく見えるものを選んでくださいね。

買い物リストは必ずつくる

プチプラであろうと、ハイブランドであろうと、服や小物を買うときのスタンスは同じだと思っています。それは、「即買い」するのではなく、よく「吟味する」ということ。以前に比べ、安価なものが増え、誰でもファッションを楽しめる時代ですが、だからといって、むやみにたくさん買っては捨てるのではなく、どんなアイテムもできるだけ長く大切に使いたいと考えています。

では、吟味するためにはどうしたらいいのでしょうか。

97ページで触れたとおり、こまめにクローゼットを確認し、足りないものや更新したいアイテムの「買い物リスト」をつくっておくことは大前提。ショップなどで見つけたら、重点的にチェックすることができますよ。

そのときのポイントは3つ。ひとつ目は、サイズ感。サイズ表記にとらわれることなく、自分のスタイルがよく見えるラインにこだわりましょう。

2つ目は、手持ちのアイテムと合わせられるか。ひとつのアイテムが加わるだけで、コーデの幅がぐんと広がることもあります。「3通り以上」などのマイルールを決めておくといいでしょう。

3つ目は、自分の「なりたいイメージ」に合っているか。イメージから外れるものには手を出さないように。

そして、少しでも腑に落ちなかったら、「寝かす期間」を持ちましょう。私の経験上、悩んで買ったものほど、愛着が湧いて大切に使います。失敗が少ないのも事実！

どんなアイテムも自分のクローゼット、いわば、自分のセレクトショップに迎え入れるものです。慎重に選んでくださいね。

PART

06

イメージ別
着こなしアイデア

この本で解説してきたセオリーをおさらいしながら、
なりたいイメージ別に
コーディネートアイデアを紹介します。

自分の手持ちアイテムを考えながら、
それぞれのコーディネートを真似するところから
始めてみましょう。

1. ロマンティック

シンプルなトップスだからこそ、ボトムスのウエストマークがアクセントに。袖口はさりげなくたくし上げて。

甘くかわいらしいイメージのロマンティックの場合は、ウエスト位置を高めにマークすることで、より甘さがプラスされます。

ショルダーバッグなど、コンパクトな小物がお似合いです。ただ、かわいらしいだけに、色まで甘すぎるのは危険。色味は大人っぽさを意識して選びましょう。

イメージと異なる、ボタンダウンシャツなどのハンサムなアイテムやオジ靴はNG。

ロマンティックといえば、ラウンドネックです。ほどよいフィット感のあるトップスは、女らしいラインを強調してくれます。甘くなりがちなウエストリボンのワイドパンツは、ネイビーで引き締めて。キャメルの小物なら、大人感を残しつつ甘めにスイッチ。

大胆なレオパード柄のバッグは、スカートと同じ、ベースが白いものを選ぶときれいめに。コーデにまとまりも出ます。

主張のあるデザインアイテムを陰で引き立ててくれるタイトスカート。長め丈を選ぶとスタイルアップ効果絶大。

ロマンティックといえば、「フィット・アンド・フレア」。トップスは体型にあったぴったりシルエットにして、ウエストを絞り、ボトムスの裾に広がりをもたせてボリュームを出した、女性らしいスタイルのこと。甘いデザインはモノトーンで引き算して。シンプルコーデには、ピリ辛小物でアクセントをつけます。

一見ハードな印象のブルゾンも、丸首タイプなら女らしさをキープ。タイトスカートでコンパクトにまとめて、ダークブラウンの華奢な小物で甘さをプラス。

2. エレガント

きれいめで女性らしいエレガント。遊びの少ないベーシックなアイテムをきちんと着るイメージです。コンサバにならないようにするには、やわらかな色合いや、素材のとろみ感を意識して選びましょう。ドレープのあるアイテムなら、大人の上品さをプラスしてくれます。

84ページで紹介した、ハードで強めなダメージデニムやエンジニアブーツは取り入れないように注意。

手首を見せるとこなれた印象に。ロールアップしづらい素材のブラウスは、同色のヘアゴムを仕込んで、折り返すと◎。

とろんとしたシルクブラウスに、落ち感のあるやわらかな素材のタイトスカート。小物をダークブラウンにすることで、よりやわらかな印象に寄せることができます。さらにゴールドのバングルで光をプラス。エレガントのイメージは、決してハードではなく、ほどよい艶感が決め手。

アウターの袖は少したくし上げて。面積の大きいロングカーディガンも、動きが出てのっぺり感を回避してくれます。

透け感のある素材のインナーはキャミソールがおすすめ。暗めの色にすると透けすぎず、落ち着いた印象に。

ベースカラーの白とアイボリー、抜け色の濃淡を黒で締めた3色コーデです。抜け色を重ねるときは、どちらかを真っ白にするのがポイント。やわらかいロングニットカーディガンで女らしさを出します。

透け感のあるブラウスにとろみ感のあるワイドパンツ。ラグジュアリー感漂うチェーンバッグでアクセントをつけます。パンプスはブラウスと色を揃えてまとまりを出します。

3. ソフィスティケイト

ハイゲージニットの艶感が、カッコよさの中に女らしさをプラス。ブレスレットとバッグの金具の色はぜひ揃えて。

女らしさと都会的なカッコよさを併せ持つのが、ソフィスティケイト。颯爽と歩くキャリアウーマンのイメージです。やわらかさとハードさとをミックスさせたような、甘辛を意識してみてください。

とろみ素材で女らしさを際立たせたら、ハンサムな小物でバランスをとるとよいでしょう。くれぐれも、上下ともゆったりシルエットは避けましょう。

やわらかいハイゲージニットにとろみ素材のワイドパンツ。カーキ色のボトムスで甘さを引き算しています。カッチリめのバッグとシャープなポインテッドトゥで、辛口へスイッチ。

シャツの中に着たカットソーとボトムスを同色にしてつなげて、縦長効果。小柄な方にもおすすめのコーデ。

インナーや靴を白にすることで抜け感が出ます。白の色味を濁りのないクリアな白にすることで、より辛口な印象に。

アーミーシャツもとろみ素材ならきれいめになります。落ち感のあるニット素材のワイドパンツなら、大人の余裕を感じます。ラフな雰囲気の中にも黒のレザー小物でピリッと締めてこなれ感を出して。

ジャケットをデニムでカジュアルダウンしたコーデも、ソフィスティケイトならパンプスを合わせてかっこよく着こなして。グレーのデニムならカジュアルすぎず、きれいめな印象をキープ。カゴバッグで遊びをプラスしても◎。

4. クラシック

凛とした女性をイメージしたクラシック。首元が詰まった服を合わせるのが難しい大人の女性が多いなか、クラシックイメージさんだけは別。

持ち前の品のよさで、難なく着こなしてしまいます。

堅苦しくしないためには、どこかにアクセントを意識して。

ヴィンテージバッグなどをプラスすると、さらに雰囲気あるコーディネートになります。

クラシックのアクセサリーといえば、パール。あちこちにつけるのではなく、さりげなくつけるのがポイント。

首にフィットした細身のリブタートルニットも、クラシックさんならすっきり着こなせます。きれいめテーパードパンツを合わせてシンプルにまとめて。ヴィンテージバッグでクラシカルな印象に。

ボウタイブラウスにはネックレスは控えて。トップスのデザインを生かすためには、あれこれつけないことがマスト。

ジャケットと靴の色味はオフホワイトで揃えるとまとまりが出ます。ジャケットの袖口はひと折りして、こなれ感を。

クラシックさんといえばボウタイブラウス。清楚な雰囲気にぴったりのアイテムです。ゆったりしたチュニック丈なら、細身のボトムスでメリハリをつけてきれいめに寄せて。白のレザー小物で仕上げます。

潔い白ジャケットを、ネイビーを合わせて控えめな印象に。華奢なレースアップシューズにとろみ素材のパンツを被せて雰囲気をプラス。白×ネイビーのヴィンテージバッグがアクセントに。

5. カジュアル

普段着に近いラフなイメージのカジュアル。アイテムがラフであるがゆえに、じつは着こなし力を要する難易度高めなイメージなのです。

やぼったくならないようにするには、ディテールまで気を抜かないこと。襟や袖口にも細心の注意を払って。

甘めの靴はやめて、パンプスできれいめを意識するのがおすすめです。

カジュアルコーデこそ、どこかに女らしさをチラ見せして。揺れるブレスレットがコーデをぐっと格上げ。

ノーアイロンのシャツとデニムにエコバッグ。普段着感満載なコーデをおしゃれに見せるためには、ラインのきれいな、質のよいパンプスがマスト。足の指がのぞくカットは、カジュアルな中にこなれた大人の余裕を感じます。

難易度高めなレイヤードスタイルは、白を上手く使って抜け感を意識して。シンプルなバッグで引き算することもマスト。

カットソーを使ったシンプルコーデに、ミリタリージャケットをオン。首元と裾から白をちら見せすることで、ぼんやりとした印象になるのを回避しています。アイコンスニーカーでアクセントをプラス。

Tシャツはインしてウエストマークすることで、女らしさプラス。少しブラウジングすると表情が出ます。

オーバーサイズTシャツ、ハーフパンツにスニーカー。そのまま着ると危険なカジュアルコーデは、ゴージャスなアクセサリーとアイキャッチな主役バッグでデコレートするのが大人の着こなしです。

6. ナチュラル

ほっこり自然体なイメージがナチュラルです。コットンやリネン、ウールなど、身に着ける素材や色もナチュラルな印象のものを選びましょう。

着ていて楽な、ゆったりしたラインの上下が似合います。

とろみ素材のブラウスや、ピンヒールのパンプスはイメージと異なるので避けましょう。きらきらしたアクセサリーよりも、くたっとしたやわらかい素材の小物を合わせてください。

コットンのゆったりシャツは、ぜひオーバーで。締めつけず、自然体で着ることで雰囲気が出ます。

ナチュラルイメージのシャツといえば、ノーカラーです。ボトムスはワイドパンツの中でも、足首にかけて細くなるワイドテーパードのシルエットがおすすめ。角が取れた丸いイメージの小物が似合います。

ナチュラルさんがきらきらアクセサリーをつけるなら、細身のものがおすすめ。派手になることなく、自然な印象に。

シンプルなチュニックワンピースは、ニット素材を選ぶとナチュラル感健在。プリーツスカートはコットン素材をセレクト。コーデにスパイスを効かせて。レースアップシューズもお似合いです。

ボリュームたっぷりのストールコーデは、髪をコンパクトにまとめるともっさり回避。バランスよくまとまります。

ストールをぐるぐる巻いてもナチュラルさんなら自然に決まります。ジャケットは艶っぽくならないものを厳選して。かっちりしがちなタイトスカートも、スウェット地ならナチュラル感が漂います。ロゴバッグがコーデのアクセントです。

7. モード

どこかエッジがきいたコーデが特徴のモード。モノトーンのなかに、辛口なインパクトを意識すると雰囲気が出ます。

定番アイテムでも、どこか普通とは違う、主張を感じる。そんな隠れ主役アイテムを上手に取り入れられる難易度高めのイメージです。

46ページでも触れたように、デザイン性の高いアイテムばかりを選ぶと過剰になってしまうので、シンプルなアイテムでバランスを取るようにしましょう。


シンプルコーデゆえ、Tシャツのサイズ感がポイント。身に着けたときの袖の長さ、服と身体の隙間も意識して。

オーバーサイズのTシャツと細身のパンツ、シンプルなコーディネートはアイキャッチなバッグでアクセントをつけて。真っ黒を味方につけることが、モードへの近道です。辛口に寄せることは忘れずに。

モノトーンコーデに差し色をプラス。チェーンショルダーの小さめバッグなら、アクセサリー感覚で投入できます。

ライダースのハードなイメージを、やわらかなニット素材のボトムスで引き算。モードな中にも女らしさをプラス。

アシンメトリーなアイテムもモードにはおすすめ。色味を抑えると、デザインが生きたコーディネートに。色をプラスするなら、小さな面積で取り入れましょう。さりげなく、がマストです。

モードといえばライダースジャケット。主張の強いライダースジャケットは、シンプルなアイテムと合わせることで引き立ちます。主役はこれで十分ですが、さらにプラスするなら、離れた位置に控えめに取り入れて。

8. マニッシュ

男っぽいというよりは、飄々としたかっこいい女性のイメージです。多用しがちな深みのあるダーク系のコーディネートには、白で抜け感をプラスして。ここは潔い真っ白がおすすめ。

47ページで紹介したようにゆったりしたトップスならボトムスは細身に、などメリハリのあるラインにすると◎。ダークカラーになりがちなコーディネートには、白の小物セットを忘れずに。

お尻まですっぽり隠れる丈のオーバーサイズシャツは、体型カバーにも。トップスがゆったりしている分、細身のボトムスでメリハリを。

深みのあるカーキのオーバーサイズシャツに黒のテーパードパンツ。サイドゴアブーツにボトムスをインすることで、スマートな印象になります。角ばったシルエットのバッグでかっこよさをプラス。靴と同色の真っ白で。

こなれ感を出したいときは、バッグを二つ折りにしてクラッチ風に。やわらかなレザートートが便利です。

中に着たシャツとボトムスを白でつないで、すっきりした印象に。白の色味をぴったり揃えることで、よりバッグが際立ちます。

ハンサムなベストをカジュアルに取り入れた上級者コーデ。ベーシックな白いTシャツで、抜け感とこなれ感をプラスしています。色味を抑えることでスタッズ付きの靴が引き立ちます。

レザーコンビのハーフコートは、バランスが取りやすい細身のホワイトデニムとシンプルなローファーをチョイス。モノトーンコーデに、カーキのアイコンバッグがアクセントになります。

column

着こなし力アップのためのQ&A

Q ベースカラーのみでつくったコーディネートは、地味に感じます。どうしたらいいでしょうか？

A ベースカラーというより、細かい部分の着方の問題かもしれません。手首を見せたり、シャツのボタンを開けたりするなど、自分に似合った着方がわかれば、地味になりませんよ。
ベースカラーの服は、「どう着るか」が問われるもの。アイキャッチではない分、ズルができないというか……。着方をあれこれ工夫することで、着こなし力も磨かれていくものだと思っています。
また、色合わせにも注意してください。よくあるケースとして、中間色から２色を使っていると、ぼんやりした印象になってしまいます。まずは「全身３色」の基本に返って、締め色、抜け色、中間色から１色ずつのコーデを作ってみてください。

Q 服のアイロンがけが苦手です。服にシワがあるのは困りますが、他の方法はありますか？

A 私もアイロンがけが苦手で、できればやりたくありません。代わりに、柔軟剤を水で薄めて霧吹きスプレーに入れて、服のシワに吹きかけています。柔軟剤と水の比率は、「1：20 〜 30」が目安です。手洗いを含め、自宅で洗濯できるものであれば、試してみてくださいね。

Q 靴のケアは、どのようにしていますか？

A 靴のケアは、特に大事です。地面を歩くので、汚れやすく、傷みやすいですよね。靴がちゃんとケアされていると清潔感があり、印象もよくなるので、普段から心がけたいものです。
レザーの靴については、クリームなどで汚れを落とし、使い古しのストッキングやタイツでよく磨きます。艶がしっかり出ますよ。ただし、スウェード素材のものはクリームが使えないので、ブラシでごみや埃をきちんと取りましょう。スニーカーは、スニーカー専用の汚れ落としが便利です。履く前に防水スプレーをすると汚れがつきにくくなりますよ。
また、靴は「予防」がとても大事です。私の場合、新品を買ったら専門店で前底を保護・補強してもらっています。雨の日のすべり止めや、歩くときの痛みの軽減にもなります。かかとの部分も傷んだら交換してもらっています。

Q クローゼット収納で、どのようなハンガーを使っていますか？

A すべりにくい加工が施された、アーチ型のハンガーを使っています。トップスにはもちろん、ボトムスにも使えます。色を揃えると、見た目もきれいです。

Q

現在、子育て中です。できれば、子どもが幼いうちはプチプラで済ませたいのですが、それでもおしゃれは楽しめますか？

A

子育て中は、お値段が高めの服はなかなか着られませんよね。私も経験があるので、よくわかります。もちろん、プチプラでも、おしゃれは十分に楽しめますよ。生活スタイルや予算の中で、工夫するのが大切だと思います。

ただ、心に留めておいてほしいのは、プチプラの服も「厳選する」ということ。安いからといって、色違いを何枚も買ったり、試着しなかったりするというのは、おすすめしません。ベースカラーの定番アイテムで、スタイルがよく見えるものを吟味して選んでください。そして、いざ買うときには「3倍の値段でもほしい？」と、ご自身に問いかけてくださいね。

ちなみに、プチプラでは、トップスもボトムスも全く同じ色をセット化することもおすすめです。縦長効果でスタイルアップになりますし、別々にも使えてコーディネートの幅も広がりますよ。

Q

ネイルについて、どのような色やデザインがいいのでしょうか。

A

ファッションはトータルコーディネートですから、ネイルもコーディネートの一部ととらえることが大切です。

一度塗れば、手は1カ月くらい、足は1カ月半から2カ月ももちますよね。「長い付き合い」になりますので、コーデの邪魔にならないように、ビビッドな色や、きらきらした派手なデザインは控えたほうが無難です。やはり、無地のワンカラーが便利です。

色は、ビビッドな色にダークブラウンを混ぜたような色がおすすめ。赤にダークブラウンを足した「バーガンディ」、青なら「ダークネイビー」、緑なら深緑のような「ビリジアン」など。ダークブラウンそのままの色も素敵ですよ。

色白の人なら、ベージュ、トープ、グレー、カーキといった中間色もいいですね。

夏には、手も足も白にして、爽やかさを出してみては？ どんな人にも似合います。

Q

口紅について、服の色味との相性がよくないせいか、ちぐはぐな印象です。どのように合わせたらいいのでしょうか？

A

トップスとの相性がよくない色は避けたほうがいいでしょう。相性がいいのは、中間色のベージュやカーキであれば、オレンジ系。一方、グレーとトープは、ピンク系がいいでしょう。

白、黒、ネイビー、ダークブラウン、チャコールのトップスは、何色にも合いますよ。

Q

アクセサリーの金具と、バッグの金具は同じ色にしたほうがいいでしょうか？ ひとつのコーディネートにシルバーとゴールドがあると、なんとなく違和感があります。

A

安易にシルバーとゴールドの両方を取り入れると、まとまりがなくなるので、どちらかひとつにするのが得策です。アクセサリーやバッグに限らず、靴やベルトの金具もどちらかに揃えたほうがいいです。

また、腕時計や指輪など、ひとつのアイテムでシルバーとゴールドの両方が使われていることもありますよね。その場合は、主役アイテムととらえ、コーディネートには「1点投入」で。他のアクセをつける場合は、どちらか1色に決めて、シンプルなもので統一するとまとまります。

協力ショップ紹介

ANALOGLIGHTING

153-0064
東京都目黒区下目黒 5-1-11-1F
お問い合わせ：info@analoglighting.com

著者

杉山律子

一般社団法人スタイリストマスター認定協会代表／パーソナルスタイリスト
福岡県出身。文化服装学院スタイリスト科在学中より、スタイリストアシスタントとして活動。スタイリストとして独立後は、映画や広告、音楽業界など、幅広い分野でスタイリングを手がける。結婚、出産を経て、整理収納アドバイザーに。2010 年より大手デベロッパーが手がけるモデルルームの収納コーディネートに参画。約 30 カ所の実績を持つ。2016 年よりパーソナルスタイリストの活動を開始。顔立ちや体型、内面からのぞく雰囲気に合わせた「一番、素敵に見えるスタイル」を提案、個性を引き出したスタイリングには定評がある。2018 年に一般社団法人スタイリストマスター認定協会を設立。パーソナルスタイリング講座に加え、ファッションのプロ「スタイリストマスター」の育成にも尽力している。また、スタイリストマスターと共に DMM オンラインサロンを運営するほか、テレビやラジオ、雑誌などさまざまなメディアに出演するなど、多方面で活動している。著書に『クローゼットは 3 色でいい』『ファッションの主役は 1 つ』（KADOKAWA）、『手持ちの服でなんとかなります』（サンマーク出版）がある。

https://www.style-jiyugaoka.com/
Instagram　@ritsuko_sugiyama
　　　　　@stylist__master
スタイリストマスター認定協会公式 LINE

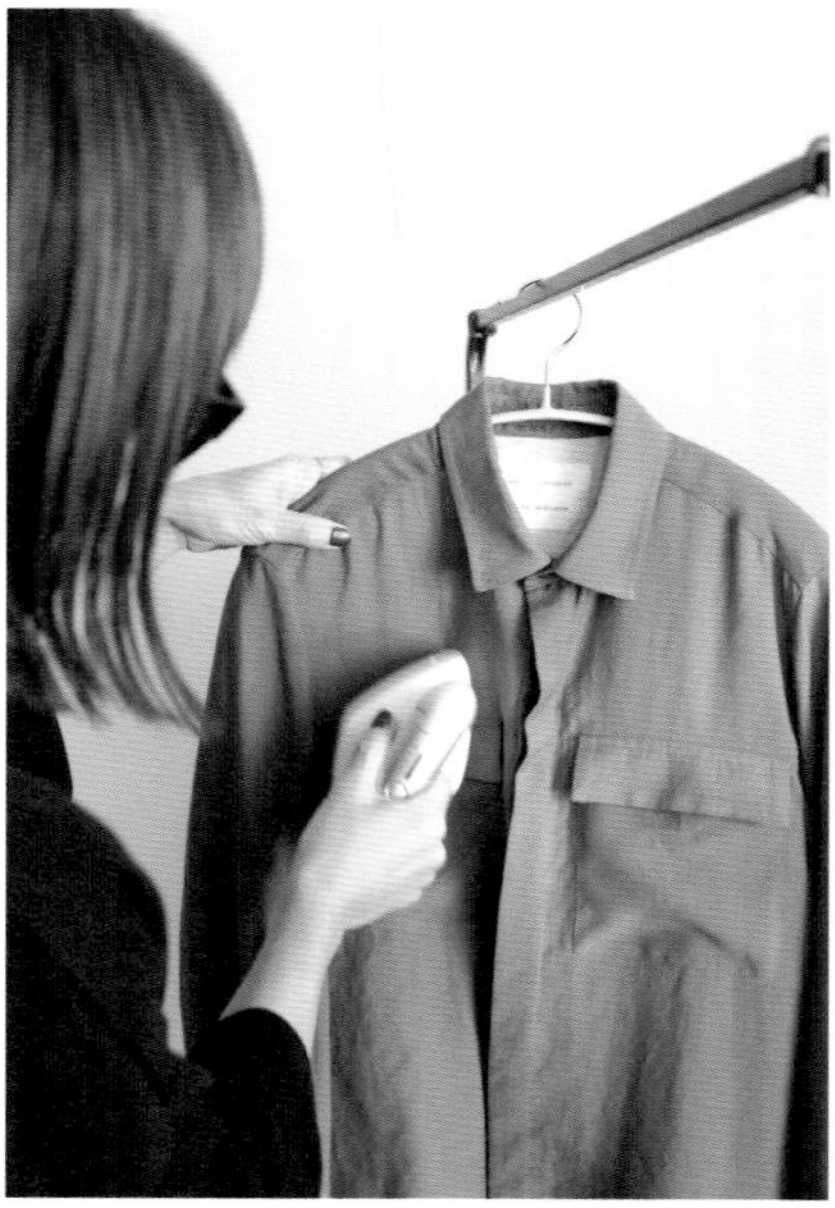

装丁・本文デザイン	藤田 康平（Barber）
DTP	鹿瀬島 雪子
撮影	安井 真喜子
イラスト	星野 ちいこ
撮影協力	今村 由季
文章協力（セオリー部分）	荻田 法子
編集	山田 文恵

シンプルにはじめる 大人の着こなし入門
プロが教えるセオリー＆アイデア

2023年3月15日　初版第1刷発行
2023年6月15日　初版第3刷発行

著　者　　杉山 律子（すぎやま・りつこ）
発行人　　佐々木 幹夫
発行所　　株式会社 翔泳社
（https://www.shoeisha.co.jp）
印刷・製本　日経印刷 株式会社

ISBN978-4-7981-7424-2
Printed in Japan